ット《アジアを学ぼう》36

卓生

家建設と文字の選択

キスタンの言語政策

風響社

国家建設と文字の選択——ウズベキスタンの言語政策

淺村卓生

はじめに

ホテルウズベキスタンの一七階にある広い窓からタシケントの街を眺めると、小さく見える自動車に比べ、目の前の広場に建っているアミール・ティムールの騎馬像の大きさに驚かされる。ティムールは、一五世紀にサマルカンドを首都として大版図を擁したティムール帝国の初代君主である。現在ティムールはウズベキスタンを代表する歴史的英雄とされており、この騎馬像は現行五〇〇スム札の意匠にも採用されている。騎馬像のあるティムール広場を基点にして各方面に大通りが延びているため、タシケントの新市街はこの広場を中心として設計されたことがわかる。ティムール広場の向こうには官庁街があり、その先には独立広場が見える。ホテルの窓からは見えないが、そのさらに向こうには旧市街が広がっている。

この騎馬像を前にするとなかなか想像しづらいが、つい二十数年前にウズベキスタンはソ連邦（ソヴィエト社会主義共和国連邦）構成共和国のひとつであったことを思い出してみよう。ホテルウズベキスタンは外国人を泊めるインツーリストホテルであったので、当時の外国人宿泊客は私と同じようにここからタシケント市街を眺めたのではな

写真1　ティムール騎馬像（500スム札）

いだろうか。ソ連邦期、眼前の広場は革命広場であり、ティムールの騎馬像のある場所にはカール・マルクスの胸像が置かれていた。その先の独立広場はモスクワに倣って赤の広場と呼ばれており、その中央には巨大なレーニンの立像が建っていたのがおそらく見えたはずである。新市街は、一九世紀後半からのロシア帝国進出後に整備が始まった地区であり、独立後には一部が取り壊されてしまった西欧風のレンガ造りの壮麗な建物も、ソ連邦期にはまだホテルの周囲に点在していたと思われる。

アム河とシル河の二大河川に挟まれた豊穣なオアシス地帯であり、シルクロードの国としても知られているウズベキスタンは、サマルカンドをはじめとする四箇所の世界遺産を擁し、観光資源に恵まれている。首都タシケントと成田間にはウズベク航空の直行便が就航しており、夏休みシーズンには日本からウズベキスタンを訪れる観光客も多い。

しかし、一九九一年のソ連邦崩壊まで約七〇年にわたりソ連邦構成共和国であったウズベキスタンの近現代史については、日本でまだそれほどよく知られているとは言えないかもしれない。ロシア帝国の中央アジア進出の足がかりとしてタシケントにトゥルキスタン総督府が置かれた経緯もあり、その後の社会主義革命を経てソ連邦の国家体制が整えられていく過程において、政治・経済面のみならず、文化面でもウズベキスタンはソ連邦中央アジアの中心地として位置づけられていった歴史がある。現在はカザフスタンのアルマトゥにも地下鉄があるが、当時の中央アジアで地下鉄が走り、「ボリショイ劇場」の称号を持つオペラ・バレエ劇場を擁していたのは、タシケントだけだった（日本人抑留者が建設作業に動員されたことで知られるナヴォイ劇場が、一九六六年にこの称号を得ている）。

ウズベキスタンの面積は日本の約一・二倍とそれほど大きくはないものの、現在でも中央アジアの中では最大の三〇〇〇万を超える人口を誇る地域大国である。隣国のカザフスタンやトゥルクメニスタンは、豊富な天然資源を背景に近年急速な経済発展を遂げてその街並みも大きく変わりつつあるが、独自の漸進的成長戦略を掲げるウズベキスタンはまだ少しのんびりとした感じがあり、タシケント市内の街角には郷愁を誘うようなソ連邦期の雰囲気がよく残されている。

　現在のウズベキスタンを理解するためには、独立後の動向のみに注目するのではなく、直近のソ連邦期との連続性を合わせて考えることが有効な場合が多い。本書ではその一例として、ウズベク語表記の問題を考えてみたい。

ウズベキスタンの位置図

　ウズベク語は、ソ連邦初期の一九二〇年代後半から独立直後の一九九三年までの約七〇年間で、アラビア文字→ラテン文字→キリル文字→ラテン文字と三度のアルファベット変更を経験した。これらの文字改革の歴史は旧ソ連邦の近隣諸国と共通であるが、ウズベキスタンでは独立後のキリル文字からラテン文字への切り替えが二〇年経っても完了しておらず、両文字での表記が並存している状態にある。このような特異な状況にあるウズベク語の現状につき、ソ連邦期からのウズベク語の言語政策史を振り返りながらその背景を探り、今後の展望を分析する。

　本書では、アラビア文字、旧ラテン文字、キリル文字表記のウズベク語文献を適宜参照していくことになるが、文中や注で紹介するその書誌等は原則として現行ラテン文字正書法に従って表記を改めている。なお、ソ連邦期の言語政策を論じた部分において、既発表の拙稿と一部内容が重複している点につき、予めお断りしておきたい。また、本書の内容はあくまで著者の個人的見解であり、所属先とは無関係である。

一　ウズベク語表記をめぐる現状

1　キリル文字とラテン文字の危うい並存

タシケントの街を歩くと、各種広告や店名の表示などに多くの言語が用いられていて、中でも特にウズベク語とロシア語が雑多に混ざり合っていることに気づくはずである。地方都市に行けばロシア語の割合はずっと低いが、首都のタシケントではその割合はだいたい半々か、少しウズベク語が多いように思われる。丁寧に両言語で併記されている掲示も少なくない。

ソ連邦ではロシア語は権威的な言語であり、ウズベキスタンではロシア語とウズベク語が並行して用いられていた。ソ連邦崩壊後に独立国家となったウズベキスタンでは、母国語としてウズベク語の振興が図られたり、ウズベク人を優遇するやや民族主義的な動きが強まったりしたこともあって、ロシア語母語話者がロシア等国外に移住するケースも多く、ロシア語の勢いは当時ほどにはない。旧ソ連地域では、バルト諸国のように独立後にロシア語が忌避され公的には使われなくなっている国もあるが、ウズベキスタンでは公的な分野も含めて現在でも社会の広範囲でロシア語が用いられている。

引き続き街中の表示等をさらに注意深く観察すると、ウズベク語の表記については、ロシア語と同じキリル文字の場合と、ラテン文字（いわゆるローマ字）の場合の両方があることがわかる。ここ数年で、ラテン文字表記の割合

写真２　ラテン文字とキリル文字のウズベク語、ロシア語が混在する看板

写真３　本屋の店先（奥がロシア語、手前がキリル文字のウズベク語で、中央の店名はラテン文字のウズベク語表記）

は少しずつ増えてきている。通りの名称を示すプレートや地下鉄の駅名といった公的な表示はほとんどがラテン文字表記で統一されているものの、その他の表示についてはキリル文字とラテン文字が肩を並べて仲良く並存している。街全体の印象としては、ウズベク語表記のうちキリル文字とラテン文字の割合はだいたい三対七くらいであろうか。事務的文書や書籍になると、キリル文字表記が増え、ラテン文字の割合はもっと低くなる。現時点で、ウズベク語は二つの異なる文字体系で表記されているのである。

　同一言語の表記が統一されずに異なる文字体系が並行的に使用される場合、教育や出版への影響を考えるだけでも、その社会的な非効率性は明らかである。使用者にとってきわめて不便と思われるこのような奇妙な状況は、なぜ生じたのだろうか。しかも、ウズベク語の場合はラテン文字とキリル文字のどちらかの文字体系が補助的な役割を果たしているわけではなく、どちらもほとんど同じような重要度と頻度で用いられている。日本語の平仮名と片仮名のように、分野別の使い分けのようなものがあるわけでもなさそうである。さらに言えば、両文字体系は各文字の音価が一対一で対応しておらず、完全には転写し合えない関係にある。

　ウズベク語の表記は、ソ連邦期の後半にはキリル文字だったが、ソ連邦崩壊後の一九九三年の大統領令により、ラテン文字化されることが決定した。第三節で詳しく見るが、一九九五年には再度大統領令が発出されて文字に修正が加えられている。そのため、現在法的に「正しい」ウズベク語の表記は、一九九五年の大統領令で規定された文字を使用したラテン文字表記ということになる。なお、ウズベキスタン国内にありウズベキスタンに帰属するカラカルパクスタン共和国[1]においても、ウズベク語のラテン文字化と同様にカラカルパク語のラテン文字化が進められた。カラカルパク語は一九九四年に従来のキリル文字からラテン文字に移行した後、ウズベク語におけるラテン文字の修正に倣う形で翌一九九五年に大きく修正が施された他、二〇〇九年にもいくつかの文字に修正が加えられている。

自国語の文字の変更は、出版、教育、報道の分野をはじめ行政や社会生活の全体に関わる非常に影響力の大きな改革であるため、法律施行後すぐに実施できるようなものではない。そのため、一九九三年にウズベク語のラテン文字化が決定された際、最高会議決定によりラテン文字化の完了期限は二〇〇〇年九月一日までとされた。この期限は一九九五年の法改正で二〇〇五年九月一日まで延長され、二〇〇四年の法改正では更に二〇一〇年九月一日まで延長されている。現在その期限は既に過ぎていて、更に五年が経過しているが、ラテン文字化は完了していない。

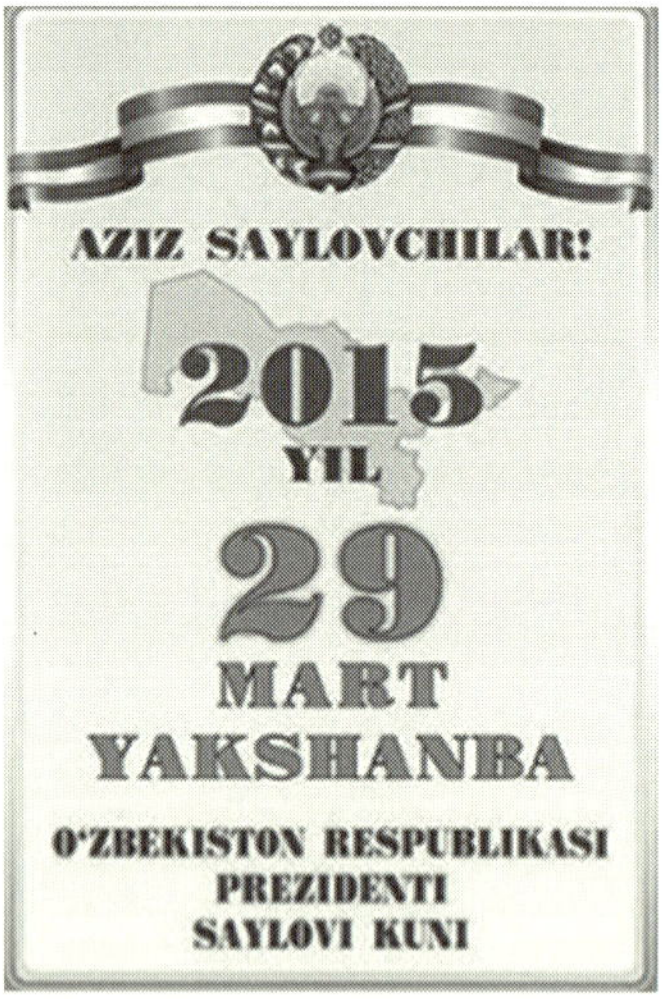

写真4　大統領選挙の広報ポスター（2015年3月）ウズベク語・ラテン文字

写真5　大統領選挙の広報ポスター（2015年3月）ロシア語

移行期間は二〇一〇年とされて以降延長されていないことから、現行法上では法の規定と現状が合致しない状況が長期間にわたり継続していることになる。

ここで、ウズベク語表記の現状をもう少し詳しく確認しておくことにしよう。前述のように法的にはラテン文字表記をすることになっているので、少なくとも公的な性格を持つ表示が全てラテン文字表記かというと、実はそうでもない。街中では、最近設置されたと思われるスローガンや政府広告にもキリル文字が使われている。私が二〇一四年四月に地下鉄を利用した際、改札口で職員から手渡された交通量調査用の紙片のウズベク語は、キリル文字表記だった。また国営テレビ局「ウズベキスタン」の字幕は原則としてラテン文字であるが、同局の看板ニュース番組「アフバロット」はキリル文字の字幕で放映されている。二〇一五年三月の大統領選挙の際には、ラテン文字及びキリル文字のウズベク語とロシア語の三種類で広報が行なわれ、私がタシケントで見た限り有権者に投票所を知らせるために各世帯に配布された氏名入り個票は、キリル文字のウズベク語とロシア語の両面印刷であった。

写真6　大統領選挙の広報ポスター（2015年3月）ウズベク語・キリル文字

インターネットでは、ウズベキスタン政府機関サイトの場合、ウズベク語、ロシア語、英語の三か国語に切り替えができる場合が多い。文字については、本稿執筆時における政府公式サイト［http://gov.uz/oz/］のウズベク語ページはラテン文字とキリル文字の両方のページが用意されている。外務省サイト［http://www.mfa.uz/uz/］のウズベク語ページはラテン文字表記であるが、司法省［http://www.minjust.uz/uz/］や農業水資源省［http://www.agro.uz/uz/］のサイトのウズベク語はキリル文字表記であり、全体としての統一感はない。また、労働社会保

1999 9-10	2000 11-12	2001 11-12	2002 12	2003 12	2004 12	2005 12	2006 12	2007 12	2008 12	2009 12	2010 12	2011 12	2012 12	全期間
19	37	35	21	26	42	24	108	231	106	197	34	55	69	1,030
138	164	194	121	61	97	34	119	268	227	364	56	170	90	2,712
9	12	0	8	0	8	5	5	10	2	4	0	3	8	82
9	6	2	5	0	4	2	5	5	6	8	0	6	7	169
71	90	91	30	34	21	6	66	98	72	131	36	19	32	1,340
1	1	9	7	3	4	0	5	9	12	13	10	2	0	107
247	310	331	192	124	176	71	308	621	425	717	136	255	206	5,440
12.1	18.4	15.3	14.8	29.9	30.2	41.4	47.6	46.3	31.8	35.1	37.8	24.4	43.4	27.5
50.0	66.7	0.0	61.5	-	66.7	71.4	50.0	66.7	25.0	33.3	-	33.3	53.3	32.7
28.7	29.0	27.5	15.6	27.4	11.9	8.5	21.4	15.8	16.9	18.3	26.5	7.5	15.5	24.6

障省［http://www.mehnat.uz/］のように、ウズベク語のサイト自体はラテン文字表記であるが、内部の記事はキリル文字表記が散見されるといったサイトもある。

2　ウズベク語の出版状況

このような中、現在のウズベキスタン国内における出版状況はどのようになっているのだろうか。独立後の出版物の使用文字の割合に関しては、これまでもいくつかの報告がなされている[2]。しかし、管見では公的資料を用いた本格的な調査は見当たらない。「いずれにしても現状における使用文字の不統一さを指摘することにならざるを得ないこの種の調査は、権威主義国家であるウズベキスタン国内では現行政策への批判と見なされる可能性があるため、躊躇されているという理由もある」とする向きもある。

そこで、ウズベキスタン国立図書局発行の出版年鑑を用い、独立後の一九九三年から二〇一二年までの二〇年間を対象に各年の特定月のデータを抽出して書籍出版に関する簡易的な統計を作成したところ、表1のようになった。なお、ここで数値化されているのはあくまで書籍のタイトル数であり、数十部から数十万部までの幅がある各書籍の発行部数の差異は考慮されていない。また、便宜上一か月もしくは二か月分を当該年全体のデータと見なしているため、独立後出版された全書籍を網羅しているわけでは

1　ウズベク語表記をめぐる現状

表1　出版統計（1994-2012）

言語（文字）	1993 9	1994 1	1994 12	1995 7	1996 1	1996 11-12	1997 6	1998 1	1998 8
ウズベク語（ラテン文字）	0	0	0	0	0	3	2	5	16
ウズベク語（キリル文字）	63	67	51	87	68	60	74	71	68
カラカルパク語（ラテン文字）	0	0	0	0	0	0	5	2	1
カラカルパク語（キリル文字）	27	13	20	5	6	7	21	2	3
ロシア語	55	115	76	57	43	68	36	53	40
その他言語	1	1	6	1	7	2	2	6	5
合計	146	196	153	150	124	140	140	139	133
ウズベク語書籍のラテン文字率	0.0	0.0	0.0	0.0	0.0	4.8	2.6	6.6	19.0
カラカルパク語書籍のラテン文字化率	0.0	0.0	0.0	0.0	0.0	0.0	19.2	50.0	25.0
全体に占めるロシア語率	37.7	58.7	49.7	38.0	34.7	48.6	25.7	38.1	30.1

注）あくまで文字別の出版状況を把握することが目的であるため、書籍の出版言語については以下のような分類基準を適用した。

・学校教科書は、外国語を内容としたものであっても原則としてウズベク語書籍扱いとした。ただしロシア語学校用のロシア語教科書等、全文外国語であることがわかるものは外国語書籍と見なした。

・辞書及び複数言語併記の書籍は、ウズベク語に対応している場合はウズベク語、ロシア語に対応している場合はロシア語書籍扱いとし、どちらにも対応している場合はウズベク語書籍と見なした。

ない点にも十分留意する必要があるものの、同統計の対象となった範囲内では少なくとも以下のような大まかな傾向が見て取れる。

まずロシア語であるが、独立直後は五割を超えていたこともあるロシア語書籍の割合は漸減しており、現在は時期により一割を下回る場合もある。ロシア語書籍の減少は、ウズベク語及びカラカルパク語書籍の割合の増加を意味する。しかし、ウズベク語書籍のうちラテン文字の割合は大きくは増えていないようである。カラカルパク語書籍のタイトル数がウズベク語書籍と比べてはるかに少ない点には注意しておく必要があるが、二〇〇〇年以降カラカルパク語書籍のラテン文字率が五～七割を維持しているのに対し、ウズベク語書籍のラテン文字率はだいたい四割前後で推移しており、同統計の対象範囲内では五割を超えたことはない。

次に、同じく国立図書局の統計を用いて定期刊行物の出版状況を確認してみよう。新聞は、二〇一二年末時点で二八紙が発行されている（外国紙の国内版や、求人や不動産売買情報等のみを扱う情報紙は除く）。その内訳は、ロシア語

写真 7　国家百科事典社の 2015 年出版カタログ表紙（ラテン文字とキリル文字のウズベク語書籍が半数ずつ掲げられている）

写真 8　ウズベク語詳解辞典

一四紙（一紙は英語面含む）、ウズベク語一三紙、カラカルパク語一紙で、ロシア語紙の他、ウズベク語三紙とカラカルパク語紙がキリル文字で発行されている。書籍とはやや異なりロシア語紙の割合が多くなっているが、いずれにしても新聞全体に占めるラテン文字表記のウズベク語の割合は、半分以下である。

雑誌については、二〇一二年一二月発行分を例にすると、同月には七二誌が発行されている。内訳は、ウズベク語誌四二誌、カラカルパク語誌二誌、ロシア語誌三八誌である（同一誌内でも掲載記事や論文によって言語が異なる場合があり、一〇誌についてはウズベク語の記事もロシア語の記事も掲載されているため、重複して数えている）。使用文字についても同一誌内で統一されていない場合があるので一概には言えないが、便宜上雑誌名の表記から判断することにすると、ウズベク語の四二誌のうち、ラテン文字表記は二七誌、キリル文字表記は一五誌である。

これらの統計からは、ラテン文字が正式に採用されてから既に二〇年が経過しているものの、ウズベク語の出版物においては従来のキリル文字表記が案外多く、ラテン文字の採用率はそれほど急激には上昇していないことがわかる。書籍の中でも特筆すべきは、二〇〇五年から発行された『ウズベク語詳解辞典（O'zbek tilining izohli lug'ati）』（全二巻）だろう。国立科学アカデミー言語学文学研究所の研究者たちが中心になって編纂したこのウズベク語の大辞典は、出版のタイミングからしても国内における今後のウズベク語振興政策の基盤となり得る位置づけがなされていたはずであるが、全巻キリル文字で出版された。同様の事例は、他にも枚挙に暇がない。例えば一九九七年から二〇〇六年にかけて発行された『ウズベキスタン国家百科事典（O'zbekiston milliy entsiklopediyasi）』（全十二巻）は、ソ連邦期に各共和国で作成された国別百科辞典を独立後に全面改定したもので、いわば国家の威信をかけた象徴的な事典であるとも言えるが、これも同様にキリル文字表記である。一九八三～八四年に発行された本格的な『ロシア語―ウズベク語辞典（Ruscha-o'zbekcha lug'at）』（全二巻）が、独立後初めてとなる大幅な増補改訂を施されて二〇一三年に新版として出版された際も、そのウズベク語部分はキリル文字であった。

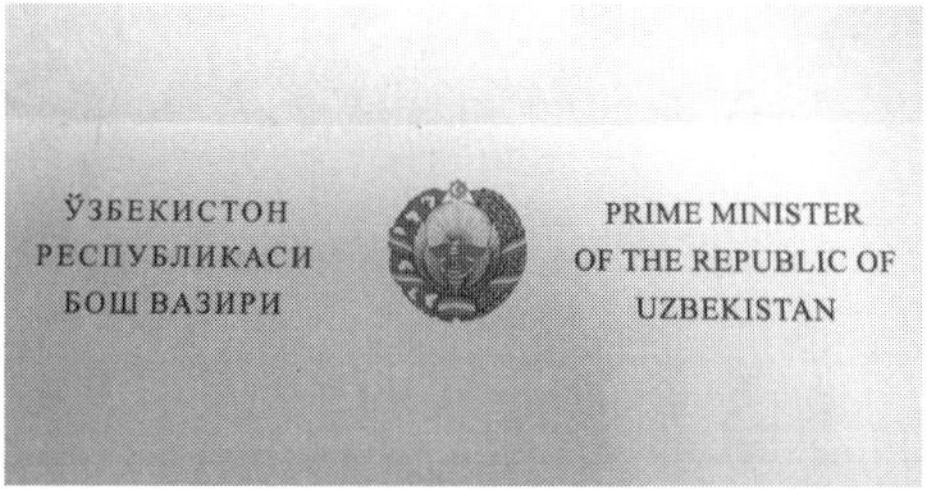

写真９　首相名書簡のレターヘッド（2014 年）

情報がデジタル化されている現在では、出版社においてキリル文字の原稿をラテン文字に一括変換することは容易なはずであるから、これらの辞典の発行に際しては敢えてキリル文字が選択されているのであり、今のところラテン文字で改訂版が出される計画自体はあるものの、具体的な出版の目処は立っていないようである。これらのことからすれば、現行法におけるラテン文字への移行という規定は、実際の現場においてそれほど考慮されていないのだと言えるだろう。

国内の事務言語に関しても、同様の状況である。大統領名や首相名で発出される書簡のレターヘッドのウズベク語は、キリル文字表記である。内閣、公的機関、裁判所、治安機関、当局の指令・決定、学術的著作、統計・会計、価格表の書式などはキリル文字表記の場合がまだ多く見られ、ラテン文字は公共料金の請求書、各種証明書など、比較的重要ではないものに用いられている。これは、市販の一般事務文書の書式用例

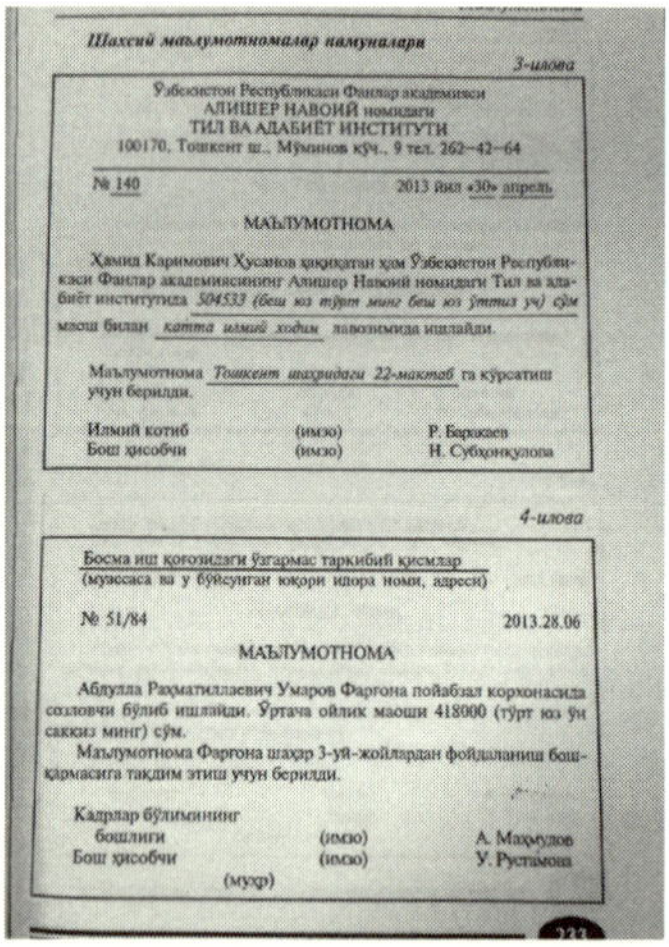

Шахсий маълумотномалар намуналари

3-илова

Ўзбекистон Республикаси Фанлар академияси
АЛИШЕР НАВОИЙ номидаги
ТИЛ ВА АДАБИЁТ ИНСТИТУТИ
100170, Тошкент ш., Мўминов кўч., 9 тел. 262–42–64

№ 140　　2013 йил «30» апрель

МАЪЛУМОТНОМА

Ҳамид Каримович Ҳусанов ҳақиқатан ҳам Ўзбекистон Республикаси Фанлар академиясининг Алишер Навоий номидаги Тил ва адабиёт институтида *504533 (беш юз тўрт минг беш юз ўттиз уч) сўм* маош билан *катта илмий ходим* лавозимида ишлайди.

Маълумотнома *Тошкент шаҳридаги 22-мактаб* га кўрсатиш учун берилди.

Илмий котиб　(имзо)　Р. Баракаев
Бош ҳисобчи　(имзо)　Н. Субҳонқулова

4-илова

Босма иш қоғозидаги ўзгармас таркибий қисмлар
(муассаса ва у бўйсунган юқори идора номи, адреси)

№ 51/84　　2013.28.06

МАЪЛУМОТНОМА

Абдулла Раҳматиллаевич Умаров Фарғона пойабзал корхонасида созловчи бўлиб ишлайди. Ўртача ойлик маоши 418000 (тўрт юз ўн саккиз минг) сўм.

Маълумотнома Фарғона шаҳар 3-уй-жойлардан фойдаланиш бошқармасига тақдим этиш учун берилди.

Кадрлар бўлимининг бошлиги　(имзо)　А. Маҳмудов
Бош ҳисобчи　(имзо)　У. Рустамова
(муҳр)

写真 10 『事務の手引き』（2014 年第 6 刷）在職・収入証明書の作成例

集などがまだキリル文字で発行されていることも大きく影響していると思われる。例えば国家百科辞典社発行の『事務の手引き（Ish yuritish）』は、ソ連邦末期の一九九〇年に同出版社から発行された『ウズベク語事務の手引き（O'zbek tilida ish yuritish）』（三五万部発行）を独立後に大幅に増補改訂したものである。改訂版には内規や遺言状、外交・ビジネス文書などの項目が追加されており、例文もソ連式の住所など（例えばゴーゴリ通り）が現代風に書き換えられている。そのため改訂版は手引書としてより実用的で充実した内容となっているが、二〇一四年発行の同書（第六刷）においても、引き続き本文及び各種用例が全てキリル文字で記載されている。(3)

ウズベク語書籍については、文字による分野の偏りはあまり見られないが、例外的な分野として学校教科書がある。学校教科書は、そのほとんどがラテン文字で発行されており、低学年向けであるほどその割合が高まる。したがって、ウズベキスタンの若い世代は学校ではラテン文字でウズベク語を学習するが、学年が上がり社会に出るに従い、周囲のラテン文字表記の割合が半分程度まで低くなるという状況で育っていることになる。今後政策転換等で社会におけるラテン文字表記の割合が急激に変化することも考えられなくはないが、二〇年間でラテン文字化の割合がようやく半分程度になっていることからすると、このような状況はまだ当分の間継続していく可能性が高い。

二〇〇五年には、ウズベク語を一年生から全てラテン文字で学習した第一期生が高校を卒業した。ウズベク語で授業を行なう初中等学校では、現在ロシア語と英語の授業が週二時間ずつカリキュラムに組まれているので、児童・生徒はキリル文字を知らないわけではない。しかしそれはあくまで外国語としてのロシア語学習を通じて習得したキリル文字であることからすると、ウズベク語を母語として育ち、学校でのウズベク語教育をラテン文字で受けた世代は、ウズベク語文献の多くがラテン文字化されていない現状において、自ら容易にアクセスできる情報の範囲が相当限られていることになる。

このような現状を総括すれば、ウズベキスタンにおけるラテン文字の浸透度は、それに費やした年月を勘案すると、同時期にラテン文字を実施し数年で完了させたアゼルバイジャンやトゥルクメニスタン等の近隣諸国の事例からしても、まだ十分な水準ではないことは明らかだろう。キリル文字からの切り換えが進まない理由は、教員の再教育や教材開発、印刷機材の整備などのコスト面もさることながら、使用文字の変更という社会活動全般に影響を与えざるを得ないという意味で非効率的でもある大改革に対して、国民の支持が得られていない点にあるかもしれない。しかし、そもそも文字の変更自体が、その初期において学術水準や識字率の低下、更には文化資本の消失を含意せざるを得ないのであり、一部の国民からの反対は当然ある程度事前に想定されていたはずだ。したがって、ラテン文字化の成否は政府当局の進め方次第であると言えよう。中途半端な移行は、このような問題をさらに複雑化・長期化させかねない危険性を孕んでいる。しかも、ラテン文字でウズベク語の読み書きを学習して卒業する生徒の数は今後年々増加していくのであり、ラテン文字化は既に後戻りできない段階に達しているのである。

写真 11　小学校 4 年生用ウズベク語教科書（2015 年）

二　ソ連邦期の言語政策と文字改革

前節では、ウズベク語のラテン文字化が進んでおらず、ラテン文字表記が従来のキリル文字表記と並存している現状を確認した。しかし、そもそもなぜキリル文字の代替としてラテン文字が選択されたのだろうか。これには、ソ連邦初期にテュルク語系各共和国でラテン文字が導入されることになり、共通ラテン文字アルファベットを志向して各国代表が協議を重ねた歴史が少なからず影響している。これらの諸国では、ソ連邦期に自国語表記がアラビア文字からラテン文字を経てキリル文字へと切り替えられてきており、キリル文字でないとすれば使用経験のあるラテン文字かアラビア文字が自然な選択肢となるのである。次節で詳しく見るが、ウズベキスタンでは最終的にラテン文字が選択されたものの、一時期アラビア文字への変更も検討されていたことが知られている。

本節では、やや遠回りにはなるものの、ソ連邦期に何度も文字の変更を経験したウズベク語表記の歴史を振り返ってみることにしたい。これらの歴史を踏まえて現在のウズベキスタンで文字改革がいかなる意味を持ち、どのような文脈で実施されようとしているのか確認することは、独立後のラテン文字化を理解するためには欠かせない作業だと思われるからである。

その歴史を振り返る前に、ウズベク語について簡単に説明しておきたい。ウズベク語は、ユーラシア大陸の広範囲に分布しているテュルク諸語のひとつである。テュルク諸語は、類型論的には日本語と同じ膠着語に属している。中央アジア・コーカサス周辺のテュルク諸語は、アゼルバイジャン語とトゥルクメン語がトルコ語と同じオグズ語群、カザフ語とキルギス語がキプチャク語群、ウイグル語とウズベク語がチャガタイ語群にそれぞれ分類される。同じ語群同士では、相互理解度がかなり高い。ウズベク語は、テュルク諸語の中ではトルコ語に次いで話者が多いことでも知られている。

ところで、そもそもの前提となる文章語としてのウズベク語は、二〇世紀初頭に「整備」された比較的新しいものであり、はるか古代からウズベク語とされる言語があったのではないということには気をつけておく必要があるかもしれない。ある言語（原ウズベク語とでもいうべきもの）から派生した諸言語を総称して「ウズベク語」と呼んでいるのではなく、領域内で使用されているいくつかのテュルク系言語集団をまとめて便宜的に「ウズベク語」と総称していると捉えるべきなのである［菅原　二〇〇五：七九―八〇］。

また、ウズベク語の概念の成立と同時期であるが、ウズベキスタンという名称も領域も、一九二四年の中央アジア民族別国境画定の結果、正式に誕生したものであった。ロシア帝国期には、この地域はトゥルキスタン総督府及びヒヴァ・ハン国及びブハラ・アミール国として統治されていた。一九一七年のロシアの一〇月革命後の内戦状態によって各地で生じた混乱をソヴィエト政権が平定し、トゥルキスタン・ソヴィエト社会主義自治共和国（一九一八～二四）、ホラズム人民ソヴィエト共和国（一九二〇～二四）及びブハラ人民ソヴィエト共和国（一九二〇～二四）が次々に成立する。その後さらにこの地域を民族的に再編していくというソヴィエト政権の方針の中で、現在の中央アジア五か国（ウズベキスタン、カザフスタン、キルギス、タジキスタン、トゥルクメニスタン）の原型が作られていくことになる。

このように新しく成立した共和国には、独自の民族、言語、文化が必要であるとされ、それらの整備が急がれた。[4]管見では、現地で出版された教科書の表題に「ウズベク語」と明記されるようになったのは、国境画定が話題となっていた一九二三年に出版された『ウズベク語読本（O'zbekcha o'qish kitobi）』からである。連邦構成共和国としての「ウズベキスタン」の成立とほぼ同時期に各地で散発的に行なわれていたこの地域の言語改革は、共和国成立の流れと相互に影響し合いながら、最終的にはウズベキスタンの民族語としての「ウズベク語」を整備する問題として収斂していくことになる。そのため、ソ連邦期のウズベク語に関する諸問題は、国家建設の文脈の中で、当該国家の民族語はどのような言語であるべきかという大きな理念の問題と並行的に論じられていく運命にあった。

1　アラビア文字の改良

まずは、アラビア文字の改良が試みられていた一九二〇年代初期の動向を確認してみよう。当時の統計によると、一九一五年の識字率は、シルダリア（タシケント周辺）で四・〇%、サマルカンドで三・二%だったとされている［Статистический ежегодник России 1916］。この時期は地域によっては一〇月革命後の混乱がまだ続いていたが、一九一九年一二月二六日付で連邦内における非識字者撲滅に関する法令が発布されたこともあり、各地で独自の文字改革の模索が始まっていた。当時のロシア・ムスリム地域では、ジャディード(5)と呼ばれた改革派ムスリム知識人が一定の影響力を持ち、中央アジアではその中でも特に中世のチャガタイ文学の伝統を強く意識する結社である「チャガタイ談話会(6)」のメンバーたちが中心となって、言語や文学の問題に深く関わっていた。

当時開催された言語に関する会議では、これまで使用されていたアラビア文字の改良が主な関心事とされている。伝統的なアラビア文字とその正書法は、アラビア語とは異なる音価を持つテュルク語の表記に適さないと考えられ始めていたからである。特に、世俗的な内容の教育制度を新たに根付かせようとしていたジャディードたちにとっては、テュルク語を母語にする者にとって従来のアラビア文字正書法の習得が困難であるという認識のもと、アラビア文字表記は今後の普通教育の普及や識字率の上昇、印刷の効率化にとって大きな障害となるのではないかと懸念されていた［小松　一九九六：一六九―一七〇］。

この地域で初めての本格的な正書法会議(7)は、一九二一年にタシケントで開催された第一回ウズベク地方の言語及び正書法会議である。会議の名称からもわかるように、当該言語に対して特定の言語名称は使われていなかった点には注意しておきたい。同会議では「われわれの言語（tilimiz）」という表現が用いられている［淺村　二〇〇七：

五二]。開催都市のタシケントは、漠然と自称ウズベク人の多く住む地域と意識されていたに過ぎなかった(8)。当時「ウズベク人」という概念自体は存在したが、「ウズベク語」という概念は実体としてまだそれほど明確ではなかったのだと言えるだろう。この会議ではジャディードたちが中心的役割を果たしたが、ブハラのような宗教都市ではなく、ロシア人も多い先進的な都市のタシケントで、これからのこの地域にふさわしい進歩的な改良アラビア文字を確立しようという意図があったと思われる。この会議では、文字や正書法の問題、言語学的な形態論及び統語論の問題、書籍や文学、また演劇に関することなどが議題として話し合われ、多くの提案が交錯した。中でも文字については退場者が出るほど紛糾したが、①子音と母音は別々に表記する、②子音字数は二三、母音字数は六とする、③外来語は新しい子音と母音で表記する、という三点が決議された[1921 yil yanvarda 1922: 26]。ここで採用された二三という子音字数は、従来のアラビア文字アルファベットから、テュルク語には音価として存在しない文字を削除することを意味していた。

ところで、正則アラビア語は、現代のアラビア語圏の正則アラビア語（フスハー）に代表されるように、次第に口語と乖離しつつも何世紀にもわたって用いられ続けている規範性の強い文章語である。アラビア語圏以外であっても、アラビア文字を使用する文章語で用いられるアラビア語起源の語句には、正則アラビア語の伝統的な正書法が用いられるのが普通である。したがって、ペルシア語やウルドゥー語等のアラビア文字を用いる言語では、クルアーン（コーラン）と深く関わるアラビア語起源の語彙が自国語内に多く存在するために、実際には該当する音価が自国語にはない文字を頻繁に用いることとなる。アラビア文字を用いる各言語の正書法では、何世紀にもわたってこれらの伝統的な正書法が受容されてきた。

ところがこの会議では、外来語を新しい子音と母音で表記するという決議によって、それらの伝統的な正書法及びそれに伴う文字の使用を明確に拒否したのである。これは、それまでの長い歴史を持つアラビア文字正書法の常

写真12　1923年の新聞記事（アラビア語起源の語の使用をやめてテュルク語起源の語を使用するよう呼びかける内容）

識を覆すきわめて重大な決定で、ほとんど革命的とも呼べるものだった。つまりここで試みられていたのは、単なる文字の改良などというレベルをはるかに超えた、従来のアラビア文字とは一線を画す非「追記拡張型」[9]のアラビア文字表記法を構築しようという、前代未聞の試みでもあったのである。伝統的な正書法に真っ向から対立するこのような正書法を採用すれば、イスラーム世界との紐帯が消失すると心配する声が出るのも当然であるが、それでも三対多数という圧倒的な支持を得て外来語の新表記を決議したところにこの会議の特徴があったと言えるだろう。同会議でのアラビア文字改良（重複子音字の放棄・母音追加表記）は、他共和国と比べてもかなり早い時期での決議であった。翌二二年に発行されたこの会議の決議録には、ここで決定された改良アラビア文字が使用されている。

なお、採択には至らなかったが、同会議では一部出席者によりアラビア文字を廃止してラテン文字を導入することも主張されていた。前年の一九二〇年には、キリル文字表記を廃止してラテン文字が導入されることがソ連邦の全共和国に先駆けてヤクート自治共和国で決定されている。ヤクート語はテュルク諸語のひとつであることから、おそらくヤクート自治共和国におけるこのような実践は、当時のテュルク系の諸共和国における文字改革の議論に大きな影響を与えていたはずである。このようにかなり重要な諸問題を議論したこの会議とその決議は、これ以降の議論に大きな影響を与えていくことになる。

翌二二年の三月から四月にかけてタシケントで文化・教育従事者会議が開かれ、引き続き正書法問題が話し合われている。[10]同会議の決議は、非「追記拡張型」のアラビア文字を用いるとした前年の会議の決議をそのまま受け継ぎ、細かな修正を加えたものとなった。さらに翌二三年一〇月には、ウズベク人正書法会議[11]がブハラで開催された。同会議は、これまでの正書法会議の内容を受けて議論の集大成がなされた会議として重要である。会議の決議では、子音字と母音字の数はそれぞれ二四と六に決定された他、教科書における取り扱いなどの細かな規則が取り決められた。同決議では伝統的な文字については段階を踏んで徐々に廃止していく方向性が示されるといった現実的な対応が取られており、理想を掲げるだけのこれまでの会議とは異なって、文字改革実現に向けた具体案が固まってきていることがわかる。しかし当然のことながら、従来の伝統的アラビア文字表記の変更に対しては多方面からの批判がきわめて強かった。文字だけではなく、それまでの宗教色の濃い教育を否定し、世俗的な教育方法を導入しようとするジャディードたちの改革への反発は保守層を中心にもともと大きかったのである。このような文脈では、正書法の変更は改革の象徴とも言えるものでもあった。決議では、アッラー、ムハンマド、クルアーンといった特別な聖句については、従来どおりの古い形で書かれることが了承されている。これは反対派に対する妥協案のひとつでもあっただろう。

同会議の決議を受けて、トゥルキスタン共和国教育委員会は、一九二三年一〇月一八日付で新正書法を制度化した。この正書法は、現在の新疆ウイグル自治区のアラビア文字正書法とほぼ同じである。そして翌一九二四年には、国境画定によりウズベク・ソヴィエト社会主義共和国が誕生した。かなりの例外はあるものの、ウズベキスタンではこの後ラテン文字化が行なわれるまでの間、当時の多くの公的な出版物にこの正書法が使われていくことになる。

2　ラテン文字化の模索

一九二〇年代初めの中央アジア地域の文字改革については、多様な意見があったものの、ラテン文字より改良アラビア文字の導入が進んでいたと言える。しかし同じ頃、アゼルバイジャンでは一九二三年にラテン文字がアラビア文字と同じ地位を獲得した上で、翌二四年には公的な文字として採用されていた。アゼルバイジャンの中央執行委員会は、トゥルキスタン共和国へその文字改革を書面で通知し、アラビア文字からラテン文字に移行することはテュルク民族にとって必要であるとして協力を促している［Abdullayev 1996: 10-11］。このようにテュルク系の近隣諸国でラテン文字化の活動が活発化するにつれて、ウズベキスタンでも次第にラテン文字の導入が本格的に検討されるようになっていた。ここでは、当時のソ連邦内でラテン文字化を強力に推し進めることになった大きなうねりを追ってみることにしよう。

ラテン文字化の広範囲な普及に大きく貢献したのは、一九二二年から二九年までアゼルバイジャン中央執行委員会の議長を務めたアガマリオグリである。アガマリオグリは、一九二二年に新テュルク・アルファベット委員会の創設をアゼルバイジャン政府に提案しており、ラテン文字雑誌『新しい道（Yangi Jol）』を創刊してラテン文字の啓蒙に努めた。さらに、レーニンの病床に赴いて「ラテン文字化は東洋における偉大な革命である」との言質を引き出すことに成功し、この言明を後ろ盾にして一九二四年から二五年にかけてテュルク諸国でラテン文字化を宣伝して回った［Terry Martin 2001: 186］。アガマリオグリのこの努力が、一九二六年にバクーで開催された第一回全連邦テュルク学会議（以下、テュルク学会議）として結実することになった。各共和国から一三一人が参加した同会議の開催は、結果としてテュルク諸国のラテン文字化を強く推し進めることになる。同会議にはトルコからも参加があり、同国の一九二八年のラテン文字化にも大きく影響を与えた。

同会議の主要な特徴のひとつは、現行の改良アラビア文字からラテン文字へ移行することを目的に、アラビア文字が強く批判されたことにある。アガマリオグリは、会議の冒頭においてアラビア文字の神聖視を妄信であるとして非難した。また、この会議はもともとラテン文字化の推進を目的とした会議であり、アラビア文字は遅れた文字で欠点が多いと批判され、様々な意見が表明された。チェルケス人の参加者は、北カフカスではラテン文字化して「神聖なクルアーン」のアラビア文字使用をやめたがアッラーはお怒りにはならず三年間何も起こっていないこと、クルアーンはもともとクーファ体アラビア文字で書かれていたが、現在は一〇世紀から始まったナスフ体で書かれており、今のわれわれのアラビア文字は厳密な意味で本来のアラビア文字で書かれているわけではないことなどを主張した［Первый всесоюзный тюркологический съезд 1926: 268］。また別のカザフ人の参加者は、統計を引用しつつ、アラビア文字はキリル文字やラテン文字と比較して植字工の作業効率が悪いと述べている［Первый всесоюзный тюркологический съезд 1926: 263］。

他方、改良アラビア文字をいち早く取り入れてその普及に努めていたタタール人の論者の一部には、この傾向に異を唱える者もいた。伝統的なアラビア語表記を支持する意見こそなかったものの、改良アラビア文字の使用がある程度進んで識字率も向上していた地域においては、改良アラビア文字が浸透し始めていたが故に、ラテン文字の導入をためらう意見が存在していたのである。とは言え、それらの意見は会議において圧倒的に少数であった。会議は、最終的に新テュルク・アルファベットに関する以下のような決議を採択した。

一、新テュルク・アルファベット（ラテン文字）のアラビア文字や改良アラビア文字に勝る長所及び技術的な利点、並びにアラビア文字と比較して新アルファベットが文化・歴史的及び進歩的な意義を持つことを確認しつつ、本会議は、新アルファベットの導入とその導入の方法を、各テュルク共和国及び各民族が決定するべきと考える。

二、これに関し、本会議は、アゼルバイジャン及びソ連邦の各州と各共和国（ヤクーチア、キルギススタン、イングーシ、カラチャイ・チェルケス、カバルダ、バルカル、オセチア、チェチェン）におけるラテン文字の導入と、バシキール、トゥルクメニスタン、ウズベキスタン、アディゲ・チェルケスにおけるラテン文字に基づく新アルファベット導入のための広範囲の活動が、きわめて肯定的な意義を持つという事実を確認する。
ラテン文字に基づく新テュルク・アルファベット導入に関し、上記の諸州及び諸共和国で既になされた事業を顕彰し熱く歓迎しつつ、本会議は、ソ連邦の全てのテュルク・タタール及びその他の諸共和国に対し、自国における改革を順調に実現するために、アゼルバイジャン及び他の諸州の経験と方法を学ぶことを推奨する。［Первый всесоюзный тюркологический съезд 1926: 401］

この決議において、ラテン文字化に際してアゼルバイジャンの事例が成功例として強調されるとともに、それを模範とするよう奨励されていることは偶然ではない。当時ジャディード運動が各地で展開していく中で、ロシア・ムスリムの連帯の必要性を認識した知識人が中心となって目指していた汎テュルク主義の具体化をめぐり、広範囲の文化的自治を重視するタタールと、領域を超えた集権化を目指すアゼルバイジャンは、激しく主導権争いをしていたからである。またこの争いは、改良アラビア文字の考案とそれを通じたジャディード運動などの啓蒙分野において主導的な役割を果たしていたタタールと、ラテン文字化で一歩先んじていたアゼルバイジャンとの間における、アラビア文字とラテン文字の対立でもあったと言える。

このような現地における政治的な背景を抱えつつも、一九二〇年代後半にかけてラテン文字化の気運が高まり、それが連邦政府の支持も得ながら強く推進されたことについては、当時の連邦中央と地方との間の複合的な背景が指摘できるだろう。それぞれの思惑がある程度重なっていたために、ラテン文字化はどちらにとっても象徴的な事業として位置づけられていた。

まず、ソ連邦初期において、政治思想の普及のための識字教育はきわめて重要な至上命題であったことを確認しておきたい。当時、政治宣伝のために語彙整備や無文字社会への文字導入などが連邦内の各地で行なわれており、主にイスラーム圏ではアラビア文字で、ロシア正教の影響の強い地域ではキリル文字で文字が整備されていた［荒井　二〇〇六：八九―九〇］。この意味で、ウズベキスタンにおけるアラビア文字改良も、識字率向上という意味では連邦政府と目的を共有していた。しかし当時の言説においては、キリル文字についてロシア帝国時代の抑圧を象徴するものとして忌避すべきという意見が多く見られる。他方のアラビア文字についても、その背後に見え隠れするイスラーム世界との強い紐帯は連邦政府に猜疑心を抱かせるものであったようである。そのような中でラテン文字はいわば第三の道として浮上し、連邦政府の支持のもと、「革命の文字」として急速に普及が図られることになっていったのである［浅村　二〇一一：一〇―一一］。

当時、ソ連邦内ではイスラームに対する圧力が強まっていた時期でもあることを考えると、ラテン文字化は、連邦政府にとってはイスラームへの象徴的なアンチテーゼであり、現地の改革者たちにとっては社会や教育改革運動の一環であった。さらに、ラテン文字化は社会主義によるユートピア思想や、東洋の「文化的後進性」の克服などを含意しつつ、相当複雑な意味合いを含んでいた。また、地方にとってはそのような中央の方針に沿って自らの「後進性」を強調することは、時には予算を獲得する手段でもあった。

マーティンは、当時のラテン文字化の啓蒙活動がある程度成功した要因として、①ラテン文字化が文化革命の要素を孕んでいたために、モスクワ中央当局の譲歩が得られたこと、そして②その汎テュルク主義の傾向が現地の諸共和国に受け入れられ支持されたこと、また③ロシア皇帝の専制を想起させ得るキリル文字への拒否感が当時において存在していたことを指摘している［Terry Martin 2001: 190］。また、アラビア文字の廃止とラテン文字の導入は、連邦外のムスリムにロシアの文献を読めなくさせる代わりに、連邦内のムスリムを国外のふさわしくない文献から遠ざけることができる、アルファベット・バリアーとして考えられてもいたようである。

テュルク学会議は、連邦内のテュルク諸語のラテン文字への移行を高らかに宣言したという意味で、画期的な会議だった。しかし、ラテン文字の文字数や文字形をはじめ、細かな正書法に関する多くの問題は未解決のまま残された。これらの問題は、統一アルファベットへの志向とともに、テュルク学会議後にアガマリオグリによって組織された全連邦新テュルク・アルファベット中央委員会での議論へと引き継がれていくことになる。

3　共通ラテン文字構想とその挫折

全連邦新テュルク・アルファベット中央委員会の総会は、一九二七年から一九三一年にかけて五回にわたって開催されている（そのうち、第二回と第五回はタシケントでの開催）。これらの総会では多様な議題が論じられたが、主要な問題のひとつに、ラテン文字によるテュルク共通アルファベットの実現があった。これは、文字と音価の対応を決定する際に、各言語間で近似している音価にはなるべく同一文字を当てるように調整するという問題である。ここでは、五回の総会での議論の概要を追うとともに、ラテン文字に関するウズベキスタン国内の動きも合わせて見ていくことにしたい。

ウズベキスタンでは、ウズベク中央執行委員会の決定により、一九二六年六月に新アルファベットウズベク中央委員会が発足している。委員会は教師、新聞編集者、新アルファベット導入や識字率向上に関わる組織を中心とした四四名の委員で構成され、元チャガタイ談話会のメンバーが積極的に活動した。同月に開かれたウズベク中央執行委員会第四回会議においては、ラテン文字表記をウズベク語に導入する決定がなされ、同年八月には同委員会によって九母音のラテン文字ウズベク語アルファベット表が発表されている［Abdullayev 1996: 14］。

全連邦新テュルク・アルファベット中央委員会第一回総会の開催は、テュルク学会議の翌年にあたる一九二七年六月に設定された。この会議への参加を見据えて各地で統一アルファベットをめぐる議論が活発化していくことになる。ウズベキスタンでは、総会直前の一九二七年五月にウズベキスタン、カザフスタン、キルギススタンの有識者がサマルカンドに集まり、中央アジア共通アルファベットが決定されている。この会合はウズベク教育委員会が組織したもので、決定されたアルファベットは二八文字二記号（六母音）であった。これは前述のウズベク中央執行委員会の案とは異なっていることから、当時は国内において多様なアルファベット案が交錯しており、具体的なラテン文字のあり方については混沌としていた過渡期であったと言えるだろう。

　第一回総会では、当然ながら統一アルファベットのあり方が主要な議題となった。この問題への関心は高く、総会では合計一八ものアルファベット草案が提出されたため、中央アジア共通アルファベット草案は、一九二三年から正式にラテン文字化していたアゼルバイジャンのアルファベットを含め、新たに提案された諸案と競合せざるを得なかった。ウズベキスタン代表のハシムは「我々は統一アルファベット問題を解決するために全権を委任されてここにやってきたのであり、本会議で（の中央アジア共通アルファベット）の承認なしに引き下がれない」と強硬に主張した［Стенографический отчет I пленума ВЦК НТА 1927: 124］。しかし共通アルファベット案を決定するため投票が実施されると、中央アジア共通アルファベット草案は敗退し、とりあえずの共通アルファベットが採択された。ここで、ウズベキスタンは自国案をあきらめるとともに、総会で採択された新たなテュルク共通アルファベットへの適用を余儀なくされたのである。

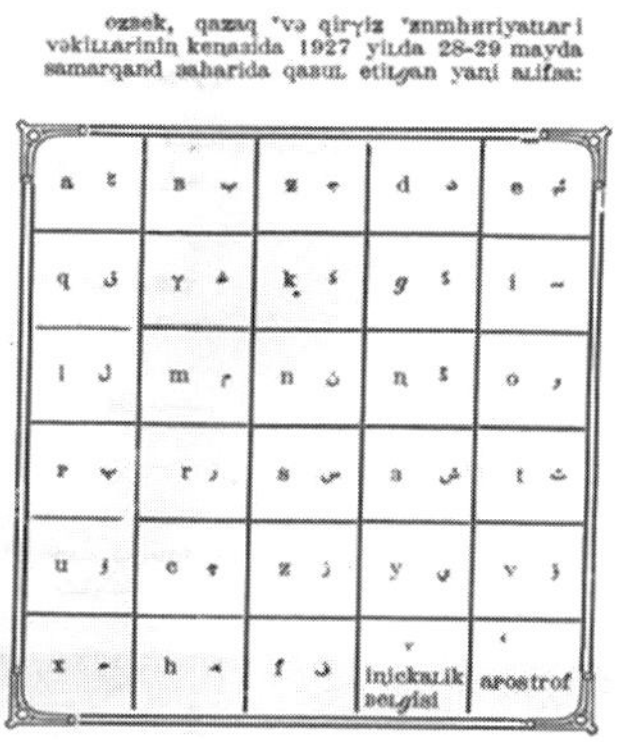
写真13　ウズベク、カザフ、キルギス共通ラテン文字アルファベット（1927年）

　タシケントの第二回総会（一九二八年一月）では、各国のテュルク共通アルファベット導入への取り組みの進捗状況が報告された。ここで最も強く批判されたのはアゼルバイジャンで、同国のアガマリオグリが全連邦新テュルク・アルファベット中央委員会の委員長でありながら、テュルク共通アルファベット導入が進んでいないことが指摘され

写真 14　ラテン文字アルファベット（1927 〜 1933 年）アラビア文字との対照表

た。このような批判に対してアガマリオグリをはじめとするアゼルバイジャンの参加者は、これまで独自のラテン文字アルファベットを使用していたアゼルバイジャンにとって、テュルク共通アルファベットへの即座の切り換えは困難であると述べている[Стенографический отчет II пленума ВЦК НТА 1929: 40-43]。当時ウズベキスタンは国内におけるテュルク共通アルファベットの導入を積極的に推進しており、むしろアゼルバイジャンを批判する側に立っていた。

タタールスタンのカザンで開催された第三回総会（一九二八年一二月）では、テュルク共通アルファベット導入が遅々として進まないアゼルバイジャンへの批判がさらに強まった。アガマリオグリは総会の冒頭で、文字の「共通化はきわめて重要な問題ではない」とし、アゼルバイジャンのテュルク共通アルファベット化の遅れについては「近い将来実現するはずだ」と述べて多くの非難を浴びている[Стенографический отчет III пленума ВЦК НТА 1928: 62-64]。その結果、アガマリ・オグルはアゼルバイジャンとしてテュルク共通アルファベット実現に責任を負うと述べた他、ラテン化完了の猶予期間を二年間に短縮することとなった。その一方で、肝心のテュルク共通アルファベットの文字の増減や改良については、第三回総会でも最終的な決着はなされなかった。この総会で結論が出されたのは、文字数を多くするとして忌避されて、導入の是非が懸案事項のひとつであった大文字の問題であった。議論の末に、大文字はテュルク共通アルファベットの一部として必要なものであるとする決議が採択されている。

また、この第三回総会で注目すべきは、新アルファベット（ラテン文字）はテュルク・タタール語だけのものではないとされて、委員会の方針が全連邦レベルでラテン文字の普及を目指す方向へと切り替えられたことであった。

新テュルク・アルファベット全連邦中央委員会（ВЦК НТА）は、ラテン文字化をテュルク語だけでなく全連邦規模で推し進めるという連邦政府の方針転換を受け、第三回総会において「テュルク」（T）が外され、新アルファベット全連邦中央委員会（ВЦК НА）へと改称することが検討されたのである。さらに翌一九二九年には、八月七日付でソ連邦中央執行委員会の決定「ソ連邦内のアラビア文字を使用する民族の新ラテン文字について」が発出され、アラビア文字を用いている連邦内の全機関にラテン文字化が指示された。

ウズベキスタンでは、一九二九年五月にウズベク語正書法会議が開催され、テュルク共通アルファベットの方針に従ったラテン文字が採択されている。総会の速記録における関係者の発言からは、他共和国と比較して当時のウズベキスタンでのテュルク共通アルファベットの導入状況は良好であったことがわかる。一九二六年頃からウズベキスタンで進められていたラテン文字化の動きは、この正書法会議の決議で体系化され、ラテン文字への移行が本格的に進むことになった。同決議を受けて一九三〇年一一月までとして進められたラテン文字への移行は、きわめて迅速に行なわれている。[12]

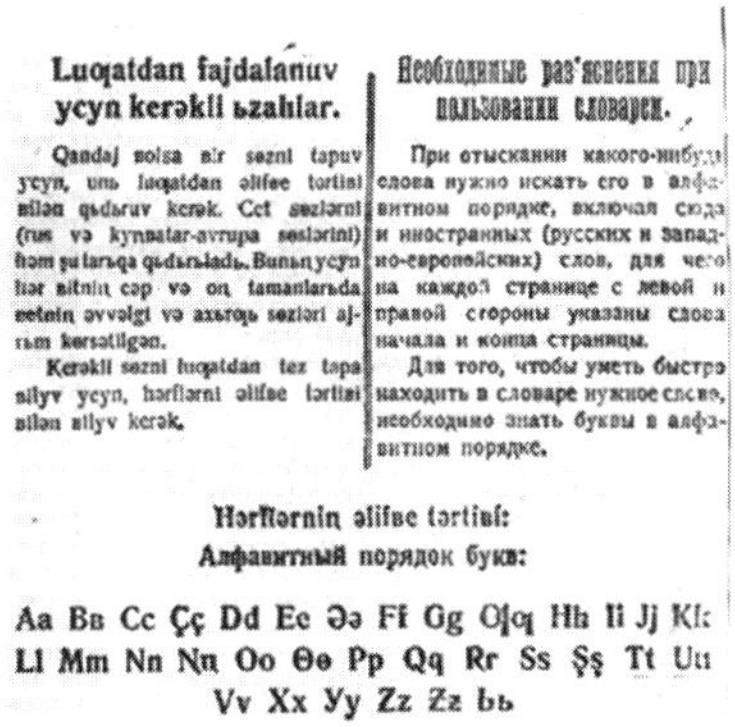
Luqatdan fajdalanuv
ycyn kerəkli ьzahlar.

Qandaj bolsa bir sezni tapuv ycyn, unь luqatdan əlifbe tərtibi bilən qьdьruv kerək. Cet sezlərni (rus və kynbatar-avrupa seslərini) həm şu larьqa qьdьrьladь. Bunьŋ ycyn hər bitniŋ cəp və oŋ tamanlarьda betniŋ əvvəlgi və axьrqь sezləri ajrьm kersətilgən.

Kerəkli sezni luqatdan tez tapa bilyv ycyn, hərflərni əlifbe tərtibi bilən bilyv kerək.

Необходимые раз'яснения при пользовании словарем.

При отыскании какого-нибудь слова нужно искать его в алфавитном порядке, включая сюда и иностранных (русских и западно-европейских) слов, для чего на каждой странице с левой и правой стороны указаны слова начала и конца страницы.

Для того, чтобы уметь быстро находить в словаре нужное слово, необходимо знать буквы в алфавитном порядке.

Hərflərniŋ əlifbe tərtibi:
Алфавитный порядок букв:

Aa Bв Cc Çç Dd Ee Əə Ff Gg Ǫǫ Hh Ii Jj Kk
Ll Mm Nn Ŋŋ Oo Өө Pp Qq Rr Ss Şş Tt Uu
Vv Xx Yy Zz Ƶƶ Ьь

写真15　ウズベク語ラテン文字アルファベット（1927～1933年）

カザフスタンのアルマトゥで開催された第四回総会（一九三〇年五月）では、第三回総会でも解決できなかったテュルク共通アルファベットの問題点が引き続き検討された。ロシアの言語学者サマイロヴィッチは、現状の欠点について、①カザフスタン、キルギスタン、ダゲスタンなどで大文字の導入がなされていない、もしくは進んでいないこと、②アゼルバイジャン及びモンゴル・ブリヤートにおいて同一文字に異なる音価を充てていること、③ブリヤートなどにおいて一音に二文字が充てられており、記号そのものの共通性に差異が生じていることを挙げている

写真16　ウズベキスタン社会主義ソヴィエト共和国憲法草案（1931年）

〔Стенографический отчет IV пленума ВЦК НА 1932: 191-193〕。このような問題は、テュルク諸語以外にもラテン文字化の導入が決定された結果生じたものだったと言える。当時、ラテン文字化の機運が高じて汎テュルクどころか国際規模としての共通ラテン文字アルファベットが想定されていた結果、①中国及び朝鮮でのラテン文字化、②北部の少数民族への導入、③東部フィン人及びチュヴァシュへの導入という新たな三つの目標が設定され、委員会の共通テュルク色はかなり薄まっていたからである。この後、委員会は言語系統の異なる諸言語間の共通アルファベット実現という新たな課題を抱えていくことになる。タシケントでの第五回総会（一九三一年六月）ではこのような混迷の度合いがさらに強まって、共通アルファベットの議論よりも、ラテン文字化がいかに革命的な行為であり、どれだけ導入が進んでいるかが強調された。

一九三四年一月にタシケントで開催された第一回ウズベク語正書法学術会議では、これまでの総会でテュルク諸語の共通規則とされていた母音調和[13]の表記をウズベク語では廃止するという重要な決定が採択されている〔浅村二〇〇七：五六―五八〕。これにより、母音字数を減らしたウズベク語のラテン文字は、テュルク共通アルファベットから大きく距離を置くことになった。

一九二〇年代後半から一九三〇年代前半にかけて、諸言語が社会経済の発展段階に応じて発展し混交するというニコライ・マルの言語学理論がスターリンによって支持された結果、言語の発展の象徴としてラテン文字化が広く推進される機運が急速に強まっていた。この時期には全連邦規模でのラテン文字化の議論が最高潮に達し、モスクワではルナチャルスキイなどによって共通テュルク・アルファベットを基にしたロシア語のラテン文字化も検討されていた［Материалы по вопросу 1930: 213-219］。そのため、全連邦新テュルク・アルファベット中央委員会は、テュルク系言語のみならず連邦レベルでラテン文字化を志向するという大きな方向転換をすることとなり、その内実が劇的に変化した。これにより、一九二〇年代後半から一九三〇年半ばにかけて試みられたラテン文字のテュルク共通アルファベットの実現は、模索の段階で打ち切られることになったのである。新テュルク・アルファベット中央委員会の名称が新アルファベット中央委員会へと変更されたことは、方針転換を物語るきわめて象徴的な出来事でもあった。

その結果、テュルク共通アルファベット実現の議論も終わらないまま、他言語との共通ラテン文字化も進めることになり、総会の役割とそこでの議論は混迷の度を深めていった。第四回以降の総会はテュルク共通アルファベットに関しては完全に迷走状態となって、共通アルファベットは結局まとまらないまま第五回を終えたのである。第五回総会では新アルファベット中央委員会の機能を人民啓蒙委員会に移転することも提案されており［Стенографический отчет V пленума ВЦК НА 1932: 106-110］、既に新アルファベット中央委員会の今後の運営の有効性が疑

	Basma		Jazma		Namlari
	Baş harf	Sadda harf	Baş harf	Sadda harf	
1	A	a	A	a	a
2	B	в	B	в	ne
3	C	c	C	c	ce
4	Ç	ç	Ç	ç	çe
5	D	d	D	d	de
6	E	e	E	e	e
7	Ə	ə	Ə	ə	ə
8	F	f	F	f	ef
9	G	g	G	g	ge
10	Q	q	Q	q	qi
11	H	h	H	h	he
12	I	ı	I	ı	ı
13	J	j	J	j	je
14	K	k	K	k	ka
15	L	l	L	l	el
16	M	m	M	m	em
17	N	n	N	n	en
18	Ŋ	ŋ	Ŋ	ŋ	[illegible]
19	O	o	O	o	o
20	P	p	P	p	pe
21	Q	q	Q	q	qi
22	R	r	R	r	er
23	S	s	S	s	es
24	Ş	ş	Ş	ş	şa
25	T	t	T	t	te
26	U	u	U	u	u
27	V	v	V	v	ve
28	X	x	X	x	xe
29	Z	z	Z	z	ze
30	Ƶ	ƶ	Ƶ	ƶ	ƶe

写真 17　ラテン文字アルファベット
（1934 ～ 1940 年）

問視されてもいた。その後、総会は開かれることなく、一九三〇年代後半のキリル文字化の議論の中で、ラテン文字化を推進する新アルファベット中央委員会の役割は次第に忘却されていった。ソ連邦期のテュルク系諸共和国のラテン文字は、テュルク共通アルファベット構想の挫折により、当初の思惑とは全く別方向へと展開した。母音調和表記をなくして他のテュルク語の正書法との差異を広げたウズベク語は、共通アルファベット構想が行き着いた先を象徴的に示す例であったと言えよう。新アルファベット中央委員会は、本格的なキリル文字化の機運が高まる一九三七年に廃止され、言語政策の表舞台から静かに姿を消した。一九二六年のテュルク学会議後に委員会が設立されてから、わずか一〇年後のことである。

4　キリル文字化

ウズベク語に導入されたラテン文字は、その後も中央の政策に翻弄されていくことになる。ウズベキスタンでは、既に一九三八年頃にはラテン文字の変更が検討され始めていた。その理由は何よりも、連邦内でのロシア語の地位が向上したことにある。同年に発布された連邦内の民族学校におけるロシア語教育必須化政策は、きわめて象徴的で大きな変化の到来を意味した。なぜなら、もともとソ連邦はインターナショナリズムにより、ソ連邦人の創造を拒否し、民族として均一化されない連邦の構築をその前提として持っていたからである。このような方針は、文化革命期にはラテン文字化に強い影響を与えており、ラテン文字化も単なる連邦における共通文字の構築というよりも、全世界へ普及させるという意図さえ持って進められていた。これは、いかに少数のエスニック・グループであろうとも、同化させられることなく民族としての形態を認められるという方針を持っていたということでもある。レーニン以降の連邦政府の振る舞いにおいては、他民族に対するロシアの言語や文化の押付けに該当するような政策は、建前上であったとしても極力避けられていた。

当時におけるこの急速な民族政策の方針転換は、連邦政府の大ロシア主義への転換が原因であるとされる。一九三六年のスターリンによる「わが国にはもはや根本において共産主義の第一段階、すなわち社会主義が実現されているのである」という社会主義社会の宣言と、同年一二月の憲法で社会主義社会を建設した共産党の指導的役割が明記されたことも、ロシア及びロシア人重視の背景にあったと思われる［荒井　二〇〇六：一〇一―一〇二］。このような流れの中では、テュルク共通アルファベット実現のような動きは汎テュルク主義として強く否定されていくことになる。初期には帝政時代の圧政を想起させるとして忌避されていたキリル文字は、「レーニンの言語、一〇月革命の言語」であるとされたロシア語の文字としてその評価を反転させていった。

ところで、全連邦新アルファベット中央委員会の活動により、ある程度整備されてきていたラテン文字のテュルク共通アルファベットの成果は、急速なキリル文字化への転換に際してどのように引き継がれたのだろうか。結論から言えば、テュルク共通アルファベットのありようは、テュルク系諸言語がキリル文字化される際にはほとんど考慮されなかった。テュルク共通アルファベットでは類似の音にはなるべく同一文字を充てることになっており、全体の文字数はとりあえず三九文字まで絞られていた。ところが、キリル文字アルファベットでは文字使用の基準が各共和国でまちまちであったことから、キリル文字化が完了した時点で全体の文字数はほぼ倍増し七四文字まで増えている。その結果、かつてラテン文字では同一文字を用いていたにも拘わらず、キリル文字化されて各言語で個別の文字を用いるようになったケースが頻出した。キリル文字化に際しては、共通化を目的とした調整をすることなく各民族語で個別に文字を設定しており、ラテン文字化のプロセスとは大きく異なっている。

それでは、ウズベキスタンでは具体的にどのようなやり方でウズベク語のキリル文字化が進められたのか見てみよう。キリル文字とともにロシア語正書法の一部も導入されたことにより、ウズベク語の表記は大きな影響を受けていくことになる。キリル文字化は単なる文字の変更というだけではなかった点も、合わせて確認していきたい。

本格的なウズベク語キリル文字アルファベットの考案が開始されたのは、一九三九年である。この年、ウズベキスタン共和国人民委員会議議長であったカリ・ニヤゾフを中心に組織されたウズベク語表記改革委員会は、キリル文字化の議論の土台となる第一次案を発表した。この案はそれまでのラテン文字をキリル文字に転写し、さらにロシア語で用いるキリル文字を加えただけのものであったため、全三八文字のアルファベットであった。結局、この案はタイプライターのキーボードには三五文字分しかスペースがないという工業的な理由も手伝って、三字削減された。しかし、ここではとりあえずの文字数のみが慌しく決定されただけで、ウズベク語とロシア語という全く別系統の言語の表記を、キリル文字によって組み合わせたことによって生じる正書法上の諸問題が、厳密に分析されたわけではなかった。

この問題を検討するため、人民教育委員部においてロシア人言語学者ボロフコフ率いる学術委員会が組織され、一九四〇年には第二次案用に多くの議論がなされている。使用可能な文字数に制限があるということは、諸音価のうち、特定の一文字で表わすことをあきらめて、他の音価に対応する文字や記号等を組み合わせた複合文字の表記

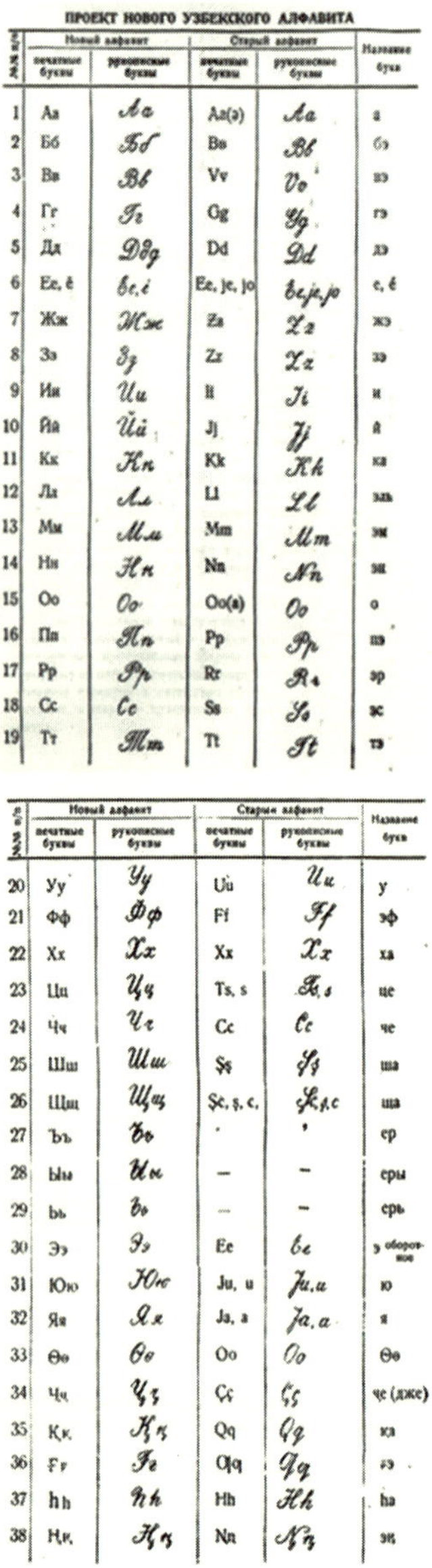
ПРОЕКТ НОВОГО УЗБЕКСКОГО АЛФАВИТА

№ п/п	Новый алфавит		Старый алфавит		Название букв
	печатные буквы	рукописные буквы	печатные буквы	рукописные буквы	
1	Аа	Аа	Aa(ə)	Aa	а
2	Бб	Бб	Bв	Bв	бэ
3	Вв	Вв	Vv	Vv	вэ
4	Гг	Гг	Gg	Gg	гэ
5	Дд	Дд	Dd	Dd	дэ
6	Ее, ё	Ее, ё	Ee, je, jo	Ee, je, jo	е, ё
7	Жж	Жж	Zƶ	Zƶ	жэ
8	Зз	Зз	Zz	Zz	зэ
9	Ии	Ии	Ii	Ii	и
10	Йй	Йй	Jj	Jj	й
11	Кк	Кк	Kk	Kk	ка
12	Лл	Лл	Ll	Ll	эль
13	Мм	Мм	Mm	Mm	эм
14	Нн	Нн	Nn	Nn	эн
15	Оо	Оо	Oo(a)	Oo	о
16	Пп	Пп	Pp	Pp	пэ
17	Рр	Рр	Rr	Rr	эр
18	Сс	Сс	Ss	Ss	эс
19	Тт	Тт	Tt	Tt	тэ
20	Уу	Уу	Uu	Uu	у
21	Фф	Фф	Ff	Ff	эф
22	Хх	Хх	Xx	Xx	ха
23	Цц	Цц	Ts, s	Ts, s	це
24	Чч	Чч	Cc	Cc	че
25	Шш	Шш	Şş	Şş	ша
26	Щщ	Щщ	Şc, ş, c,	Şc, ş, c	ща
27	Ъъ	Ъъ	'	'	ер
28	Ыы	Ыы	—	—	еры
29	Ьь	Ьь	—	—	ерь
30	Ээ	Ээ	Ee	Ee	э оборотное
31	Юю	Юю	Ju, u	Ju, u	ю
32	Яя	Яя	Ja, a	Ja, a	я
33	Өө	Өө	Oo	Oo	Өө
34	Ҷҷ	Ҷҷ	Çç	Çç	ҷе (дже)
35	Ққ	Ққ	Qq	Qq	қа
36	Ғғ	Ғғ	Ƣƣ	Ƣƣ	ғэ
37	Һһ	Һһ	Hh	Hh	һа
38	Ңң	Ңң	Nn	Ņņ	эң

写真18　キリル文字アルファベット試案（1940年）

とせざるを得ないものができることになる。キリル文字の配分を決定する際には、ウズベク語にあってロシア語にない音価と、ロシア語にあってウズベク語にはない音価のどちらを優先して文字を確保するのか、どの音価にどの文字を充てるのか（ロシア語における音価と文字の対応をウズベク語においても踏襲するのか）、ウズベク語とは差し当たって無関係のロシア語の正書法で用いられる文字（軟母音字や硬音記号等）をいかに扱うのかといった問題が生じる。つまりこの時点では、限られた文字数の中で、ウズベク語用の表記とロシア語用の表記のどちらを「基準」と見なすのかという問題が議論されていたのである。

この問題は、一九四〇年五月八日の第三回ウズベキスタン共和国最高会議において、ラテン文字からキリル文字への切り替えが正式に発表され、三五文字一記号のキリル文字案が採択されたことで決着した。採択されたキリル文字は、ロシア語におけるキリル文字のあり方をほぼ踏襲し、そこにウズベク語用の文字をいくつか加えるというものだった。

УЗБЕКСКИЙ АЛФАВИТ

Написание букв					
Печатное	Рукописное	Печатное	Рукописное	Печатное	Рукописное
А а	А а	Л л	Л л	Ч ч	Ч ч
Б б	Б б	М м	М м	Ш ш	Ш ш
В в	В в	Н н	Н н	твёрдый знак ъ	ъ
Г г	Г г	О о	О о	мягкий знак ь	ь
Д д	Д д	П п	П п	Э э	Э э
Е е	Е е	Р р	Р р	Ю ю	Ю ю
Ё ё	Ё ё	С с	С с	Я я	Я я
Ж ж	Ж ж	Т т	Т т	Ў ў	Ў ў
З з	З з	У у	У у	Қ қ	Қ қ
И и	И и	Ф ф	Ф ф	Ғ ғ	Ғ ғ
Й й	Й й	Х х	Х х	Ҳ ҳ	Ҳ ҳ
К к	К к	Ц ц	Ц ц		

写真 19　キリル文字アルファベット（1940 ～ 1993 年）

最高会議は同日付で全ての人民委員部に対して、「ウズベク語の表記をラテンアルファベットからロシア文字を基盤とした新アルファベットへ移行することに関する法」と題した五か条の指示を出している。この指示では、同年九月一日から教育活動、出版、教育関連印刷物、全分野における政府の事務文書における使用文字を、最高会議で採択された新しいキリル文字に従って改めることとし、一九四二年一月一日までにその作業を終了することが命じられている。

このように各案を考慮した結果、最終的に決定されたキリル文字アルファベットは「統一ウズベクアルファベット」と呼ばれ、その普及が図られた。この新しいアルファベットと、それを用いた正書法の手引きとして作成された冊子『統一ウズベクアルファベットと正書法』（一九四〇）では、文字一覧とともに「アルファベット及び正書法の編集方針」として以下のような但し書きが記されている。

一、新しいウズベクアルファベット及び正書法の編集にあたっては、全てのウズベク語方言に存在する統一標準語の発音を基盤とした。

二、新しいウズベクアルファベットは、ロシア文字を基礎として編集された。ロシア文字における文字（Щ、ы を除く）は、その配列、名称、特徴をそのまま取り入れた。ウズベク語特有の音価のために、ロシア文字に追加する形で Ўў、Ққ、Ғғ、Ҳҳ の文字が決定された。

三、新しいウズベク語正書法の編集にあたっては、ウズベク標準語で用いられる諸語彙の形態論的、音声学的、語源学的特徴が考慮された。［Birlashgan o'zbek alfaviti va orfografiyasi 1940: 3-4］

ここでは、項目二で言及されているように、新しいウズベク語のキリル文字は、ロシア語のキリル文字のありようを最大限踏襲するものであった点が注目される。二字を除き、ウズベク語にない音価に対応する文字も含めてロシア語で用いられる文字がそのままウズベク語用に導入された。さらに、ロシア語での文字配列が尊重され、ウズベク語の固有文字は「追加（qo'shimcha）」分であると明言されている。他共和国語と違ってこれらの追加文字が文字配列の末尾に置かれたことは、ウズベク語のキリル文字アルファベットにおいては、ウズベク語の語彙よりもロシア語の語彙表記の利便性が重視されていることを象徴していた。

5　キリル文字の抱える問題点

一九四〇年にキリル文字が導入された後、ウズベキスタン政府はしばらくその普及を急いだ。一九四七年にはウズベキスタンの科学アカデミー言語学文学研究所内に特別委員会を発足させ、正書法規則の追補案を提案させている。しかしながら、キリル文字が普及するにつれて、専門家の間にはウズベク語のキリル文字正書法に問題があるとする意見が噴出するようになった。

一九五二年になると、科学アカデミー言語学文学研究所において正書法問題特別会議が開催され、多くの議論が交わされた。再度結成された委員会は議論を重ね、最終的な草案が一九五六年四月四日付でウズベキスタン共和国最高会議決定「『ウズベク語正書法主要規則』に関して」によって採択された。この決定は同年五月一日に発効し、全ての官庁で即時に導入されている。しかしここで決定されたのは、アポストロフィの使用中止及びロシア語の軟母音の前には硬音記号（ъ）を綴らないといった、きわめて微小な修正に留まった。一か月もない決定受け入れ準備期間が、変化の小ささを物語っている。

当時専門家たちの間でキリル文字正書法の不備と見なされた問題は、以下の三点に整理できる。すなわち、①採用されたウズベク語の固有文字の少なさと、②ウズベク語の音韻体系にそぐわないにも拘わらず採用されたロシア語の文字の多さ、そして③母音体系のわかりにくさである。

その一例を紹介すると、例えばラテン文字で用いられていた子音字ç は、キリル文字化により子音字 ж となったが、その後のロシア語語彙の増加などから、ウズベク語の子音字 ж の発音は同一文字を用いるロシア語の子音字の発音と混同されていく。子音字 ç に対応する本来のウズベク語の発音（有声後部歯茎摩擦音）は、ロシア語における子音字 ж の発音（有声そり舌摩擦音）とは相当異なっているため、ç に相当する子音字を復活させてロシア語の子音字 ж による表記と差異化することが必要だとされた。

また、ロシア語の軟母音 е、ё、я、ю は、それぞれ二文字 йэ、йо、йа、йу を一字としたものである他、前置される子音を口蓋化(14)させる機能もある。しかし当然ながら音韻体系の異なるウズベク語には特に後者の機能は必要がない。また、前者についてもこれらの文字の使用により特定の二字の組み合わせを一字で表記することになるため、ウズベク語の語彙における形態論的な一貫性を失わせる場合もあった(15)。

さらに、アラビア語起源の語彙におけるアイン（ع）及びハムザ（ء）に相当する綴りは、ウズベク語では硬音記号（ъ）で表記することになっていたが、ロシア語の正書法では単語の語末及び複合語の構成部分の末尾で硬子音の後に付けられていた硬音記号の表記が一九一八年に廃止されていた。その規則が関係ないはずのウズベク語の語彙にも適応されて語末の硬音記号の表記が省略されることになった結果、綴りが同一の異義語が多く生じていた(16)。これらの不満や意見は、一九五六年の正書法改正時には全く掬い上げられなかったため、その後のソ連邦期を通じて何度も繰り返して表明されていくことになった。

ウズベク語のキリル文字アルファベットの懸案事項とされたこれらの諸点を総括するならば、ウズベク語のキリル文字化は、単にラテン文字アルファベットをキリル文字アルファベットに切り換えただけの表記上の問題なのではなく、ロシア語のキリル文字及びその正書法との合併もしくは吸収というレベルで把握しなければならない問題であったと言えよう。それは、ロシア語を発展した言語と見なし、キリル文字化においてはウズベク語内におけるロシア語の語彙の正確な表記が優先されるという当初の方針からすれば、当然の成り行きでもあった。

主に一九三〇年代に使用されたウズベク語のラテン文字アルファベット及びその正書法は、ある時点におけるひとつの全体として提示されたものである。一九四〇年のキリル文字化によってその全体ではなく一部が変更されたことにより、正書法上で貫かれていた調和が崩れてしまい、それまでには前景化し得なかったような問題が生じてきたのだと言える。キリル文字のウズベク語の中には、ウズベク語正書法とロシア語正書法がいわば同居している状態であり、その双方と関係し重複する部分に大きな矛盾が生じていたのである。このような意味で、一九四〇年以降多くのウズベク語研究者や教育者がキリル文字正書法の不備を訴えていたことはよく理解できる。

ラテン文字からキリル文字への切り換えが実際に意味したものは、①ロシア語に近似しているとされた発音に対応する文字の統合と、②全く別系統の言語であるロシア語の文字及びその正書法のウズベク語への導入であった。これは、これまでのアラビア文字改良からラテン文字への切り換えが、基本的に①伝統的に書き分けていたが既に同一発音となっている子音字の統一と、②テュルク諸語における共通アルファベットの創出という側面を持っていたこととは好対照である。ウズベク語のラテン文字化が、伝統的な正書法を廃して口語に比較的近い簡便な表記への転換を目指したものであったとすれば、ウズベク語のキリル文字化は、端的に言えばロシア語の表記への接近をできる限り試みたものであった。

一九七三年には、それまで様々に論じられてきたウズベク語アルファベットの変更案をまとめた論集『言語活動に関する諸問題（Nutq madaniyatga oid masalalar）』が出版されている。同論集は、本節でこれまで見てきたようなウズベク語正書法の中に同居しているロシア語正書法そのもの、もしくはそれによるウズベク語正書法への影響に異議を唱えている。しかし、キリル文字アルファベットの修正は、独立後まで本格的に手をつけられることはなかった。

三　ウズベク語表記の行方

1　ラテン文字化前夜

話を独立後に実施されたラテン文字化に戻そう。ソ連邦末期の一九八九年になると、言語政策に関して大きな変化があった。ゴルバチョフソ連邦共産党書記長のペレストロイカ政策を受けて、民族語の法的な位置づけを決定する新言語法が各連邦構成共和国で制定されたからである。この年、中央アジアにおいては七月にタジキスタンで「言語法」が制定され、アラビア文字への移行が検討された。八月にはアゼルバイジャンで「宣言」が出され、九月にはカザフスタンとクルグズスタンでそれぞれ「諸言語法」と「国家語法」が制定された。ウズベキスタンは一〇月に「国家語法」を制定し、トゥルクメニスタンは翌年五月に「言語法」を成立させた。これらは、民主化を求める運動の高まりによって、民族語の地位向上が強く主張された結果でもあった。この一九八九年に制定されたウズベキスタンの国家語法においては、文字改革を扱う本書の文脈上、もうひとつ看過できない部分がある。それは、アラビア文字アルファベットの規定に関わる第一六条である。第一六条は、以下のような条文となっている。

ウズベキスタンの全ての初等学校、中等専門学校、高等教育機関の授業のウズベク語でなされる部分において、アラビア文字アルファベットによる古いウズベク語表記を、カリキュラム教科のひとつとして教えることを保障する。

ウズベキスタン・ソヴィエト社会主義共和国においては、この表記の学習機会が希望者に対して全面的に用意される。そのため、然るべき教員と教科書及び指導書が準備され、古ウズベク語表記による文学・歴史的文献、書籍、新聞・雑誌が出版される。

当時も既にアラビア文字の出版物が少数ながら存在していたが、おそらくこの国家語法の規定が後押しする形で、一九八九年から翌年にかけてアラビア文字表記のウズベク語を学習するための手引きや教科書が数多く出版されることになった。言語法の規定を実現するための猶予期間が言語法と同日付の最高会議決議で設定されているが、そこではこの第一六条の規定は一九九一～九二年からすぐに適用されることになっていたからである。その後もアラビア文字の出版はされているが、質・量ともに主要なもののほとんどがこの時期に発行されている。[17] これらの教科書は、多くがアラビア文字表記のウズベク語リテラシー教育を「古ウズベク語表記」（eski oʻzbek yozuvi）の学習と呼んでいる。[18]

ここで興味深いのは、これらの古ウズベク語表記の教材で展開される学習対象としてのアラビア文字及びその正書法は、一九二〇年代にジャディードたちによって考案されたいわゆる改良アラビア文字ではなく、伝統的な表記法に則ったアラビア文字であったという点である。付属の読解用テキストなどを見ても、文学作品などについて書かれた主に一九～二〇世紀初頭の文書が原文のまま紹介されている場合が多い。つまり、これらはそのような実際の歴史的文書を講読していくリテラシー能力を身につけることを目的とした教材なのである。このようなアラビア文字教科書をめぐる動向には、これまでごく限られた専門家にしか共有されていなかった近世以前の文献へのアクセス能力を、教育によって早急に回復しようという研究者及び教育者の意図があったと考えられる。詩人ナヴォイ

写真 20　『明白』（Oydin）紙の紙面とアルファベット表（1989 年）

をはじめとする中世チャガタイ語作品はウズベク文学史の中でカノン化しており、まずはその原文に近い文章の読解能力が求められた。このような意味では、ジャディードたちは当時まだ完全に名誉回復されておらず、その改良アラビア文字には光が当たらなかったとも言える。結局、ソ連邦期においては読み書きに用いる文字改革という意味で、本格的に改良アラビア文字の使用が再び検討されることはついになかったのである。

しかしながら、当時は古典を読解するための様々な教科書が出版されただけでなく、国家語法で規定されていたようにリアルタイムのメディアとしてアラビア文字表記のウズベク語新聞が発行されていたことにも注目しておきたい[19]。主に国外の読者向けに発行されていたアラビア文字表記の『明白（Oydin）』紙は、しばしば紙面に小さくキリル文字とアラビア文字の対応表を掲げており、読者の便宜を図っている[20]。この新聞の紙面については、教科書などの教材とは異なって母音や子音に工夫を加えた正書法が用いられており、改良アラビア文字の一部が踏襲されていると言えないこともない。現代語で書く場合には、やはり文字数の多い伝統的な正書法では書きにくいだけでなく、相対的に読みにくくもあるためである。とはいえ、ここでのアラビア文字表記はいわば当時のキリル文字正書法の転写とでも言うべきものであり、一九二〇年代とは異なる新たなアラビア文字の使用が実践されていたのだと理解するべきだろう。ところで、キリル文字は当時における現行使用文字だったために特に法的な規定がなされていないのは当然としても、ソ連邦末期のウズベキスタンにおいて、ラテン文字化に関する議論がほとんど見られないことには気をつけておかねばならない。

このように見てくると、ウズベク語をウズベキスタンの国家語とした一九八九年の国家語法は、単なる形式的な規定に留まらなかったことがわかる。同法の成立は、その規定を踏まえた多くの言語関連活動を活発化させることになったという意味で、きわめて画期的な出来事であった。特にアラビア文字教育の復権と、その新たな可能性が模索されたことは特筆に価する。しかしながら、同法における諸規定は近隣共和国において横並びの内容であったことから、ウズベキスタン独自の傾向が強く見出せるものではなかったこともまた事実である。さらに、この国家語法をもってしても、ウズベク人言語学者にとって長年の懸案事項であったキリル文字正書法の改正には至らなかった。これらの諸問題がウズベク人によって処理され、各共和国の言語政策において大きな差異が生じていくのは、やはり一九九一年の独立を経た後である。そして、言語関連問題は政治的な意味をより強く帯びていくことになる。

2　独立後のラテン文字化

ソ連邦崩壊に伴う独立後、中央アジアの各共和国はさしあたって同じテュルク系国家で経済的にも成長しているトルコに独立国としての模範を見出したため、文字に関する問題はトルコを中心に展開した。この時期のトルコでは、テュルク諸語のためのラテン文字アルファベット問題に関する出版ブームが起きている。独立して二か月足らずという時期（一九九一年一一月）にイスタンブールのマルマラ大学テュルク学研究所で開催された言語学者国際会議には、トルコをはじめアゼルバイジャン、ウズベキスタン、カザフスタン、キルギスの代表が参加した。翌年には第二回がイスタンブールで、さらにその翌年には第三回が閣僚級会談としてアンカラで開催された。これらの会議では基本的に現在トルコで用いられている二九文字のラテンアルファベットを基礎にしたアルファベットが提案されて、最終的にはそれに五つの文字を加える共通ラテンアルファベットの使用を承認した。同時期にさらに参加国も多い形で開催されたものに、恒久テュルク学会議がある。一九九二年と一九九三年にアンカラで開催されたこの会議には、トルコ、アゼルバイジャン、キルギス、ウズベキスタン、カザフスタン、トゥルクメニスタン、タタールスタン、バシコルトスタン、北キプロスの各国が参加して共通アルファベットを模索した。

このように、ソ連邦が崩壊してすぐの時期から、トルコ共和国が主導するテュルク・アルファベットの国際会議が開かれて共通アルファベット化が推進されるとともに、トルコから新興独立国へラテン文字化に対する経済的・技術的援助が行なわれた。多くの会議が開かれて共通アルファベットと正書法が合意されたものの、それらに法的な拘束力は全くなかったため［Landau 2001: 128］、最終的にトルコの思惑通りにはラテン文字化は進まず、その後各共和国が実際にラテン文字化を導入する際にこの合意は強い影響力を持ち得なかった。

独立直後の中央アジア共通アルファベット問題で各共和国の足並みが揃わなかった原因のひとつは、政治・経済的な理由に加えて、ソ連邦期の七〇年間にそれぞれの共和国において文化及び民族語アイデンティティの強度が高まったということにもある。ソ連邦構成共和国として、またかつてのトゥルキスタン自治共和国としての紐帯は、文化人や知識人にはかろうじてある程度共有されているものの、各共和国で民族主義的な色彩の濃い政策が相次いで実施されている現代政治の舞台においては、当然ながらかつてよりは希薄化している。言語の次元でも語彙、表記、発音といった諸レベルで他共和国語との差異化がそれぞれ進んでいることもその一因であろう。

自国語の文字に対する何らかの変更は中央アジアの全ての共和国で例外なく検討されたが、実際に文字の切り替えを行なった共和国は、アゼルバイジャン（一九九一年一二月）、トゥルクメニスタン（一九九三年四月）、ウズベキスタン（一九九三年九月）の三か国である。その切り替えはキリル文字に代えてラテン文字を導入するもので、どの共和国でも独立後の比較的早い時期に実施されている。各国では一九九二年から九五年にかけて憲法が制定されているが、この三か国の憲法ではロシア語への言及がないという点で、他の共和国の憲法と大きく異なっている点が注目される。文字の切り替えを行なった国では、憲法上民族語を国家語[21]として規定する以外に他言語の規定はなされていないのに対し、それ以外の国では公用語（カザフスタン）や国際交流語（タジキスタン）とするなど、ロシア語について何らかの規定を残している（キルギスは二〇〇〇年の言語法でロシア語を公用語としている）。つまり、ラテン文字化は単なる文字の変更なのではなく、規範としての諸々の「ロシア」の影響力に対する明示的な異議申し立ての意味を帯びているということである。このことは、ラテン文字化をめぐる問題が単なる言語問題として社会や文化上の意義だけから考察されるべきものでは決してなく、これらの一連の経緯が近年の国際関係上の情勢の変化ときわめて密接に関連していることを念頭に、より政治的な視点から扱うべきであることを示してもいる。

アゼルバイジャン語とトゥルクメン語のラテン文字化は既に完了している。両言語はトルコ語と同じオグズ語群のテュルク諸語であり、言語的にも地理的にもトルコと近いために、地域大国であるトルコ及びトルコ語との近接性を高めるという意味でラテン文字化のメリットはある程度大きかったのだと言える。それでは、ウズベク語のラテン文字化は、なぜ行なわれたのだろうか。前節で見たキリル文字の不備も理由のひとつではあろうが、それだけならキリル文字を修正することでもとりあえずの対応はできる。ソ連邦期とは異なり、独立国となったウズベキスタンにおける文字改革は、かつてのようにモスクワの影響を大きく受けた結果として実施されているわけではない。周辺国の動向に左右される面もないとは言えないが、基本的にウズベキスタン国内の決定であることから、これらの言語政策にはウズベキスタン政府による独自の言語観がより強く反映されているはずである。

ウズベキスタンでは、独立後の九〇年代末に民族と国家への求心力を強調した「民族独立理念（milliy istiqlol g'oyasi）」がまとめられ、新しい国家イデオロギーとされた。カリモフ大統領は、一九九九年のインタビューでこの民族独立理念について言及し、このようなイデオロギーがない場合に生じ得る悪しきものについて述べている［帯谷　二〇〇二：一一五―一二〇］。そこでは、気をつけなければならないものとして、政治組織化したイスラーム集団、旧ソ連圏におけるロシアを中心とした何らかの同盟関係、汎テュルク的な歴史観の三点が指摘された。このような決意においては、イスラーム、ロシア、テュルクといったこれまでのウズベキスタンの歴史や文化において重要な要素を構成するものの価値を認めながらも、それらに過剰に依拠することを戒め、自立した民族及び国家として孤高に歩もうとする意思が強調されていると言えるだろう。

様々な議論の結果として、第一節で見たように一九九三年にラテン文字化が決定されるが、この時期においては文字改革について多様な見解が存在していた。当時のロシアのイズベスチヤ紙（同年九月三日付）は、ウズベキスタンの言語法制定をめぐる議論を次のように報じている。

アラビア文字は、現在ウズベキスタンとなっている地域において古くから用いられていたものである。しかし、アラビア文字への移行には膨大な労力と費用が必要となるため、ラテン文字への移行が最も現実的であった。ラテン文字は、三〇～四〇年代に用いられていたこともあり、ウズベク語の発展のために大きな可能性を創出し、国民の文化水準の向上にも重要な要素として役立つと研究者たちは考えたのである。最も重要なことは、独立国ウズベキスタンが国際社会において然るべき地位を占めることが、より容易になると思われたことであろう。

ここで紹介されているように、結果的に採用されなかったとは言え、一九九三年当時にはラテン文字だけでなくアラビア文字への移行も選択肢のひとつとして考えられていた。また、キリル文字が忌避され、アラビア文字ではなくラテン文字が導入されたのは、やはりトルコの影響、特に独立直後の新興国にとってはその経済面での支援の存在が大きかったと考えなくてはならないだろう。

その一方で、ペレストロイカ期及び独立前後における国内政治情勢の視点からしても、この時期の文字をめぐる議論は重要な意味を持っていたと言える。中でも、一九八八年一一月に結成された民主主義運動組織「ビルリク」（統一）は、特にウズベク語の地位向上とイスラームの重視を掲げて活動していたため、言語政策に一定の影響力を持っていた。「ビルリク」はウズベク語が国家語として相応に遇されることを強く望んでいた［Akinel 1994: 181-190］。ペレストロイカの理念を背景にした「ビルリク」の活動は、保守的なカリモフ政権と鋭く対立することになる。それが象徴的な形で現実となったのは、独立直後の大統領選挙である。この選挙ではカリモフの他、「ビルリク」主宰のアブドゥラヒム・プラト及び一九九〇年に「ビルリク」から分離した穏健派の「エルク」の指導者ムハンマド・サーリフらも出馬しようとしたのである。結果として選挙はカリモフが勝利して強権体制を確立し、自由な言論活動や政治活動を弾圧したため、「ビルリク」や「エルク」の幹部はその後国外への亡命を余儀なくされた。独立後にイスラームとアラビア文字の相関が強調されたこと、そして反政府の立場を取る民主化運動組織の主張がイスラームの重視と結びついていた（ただし国外の急進的なイスラーム勢力との連携はしていない）ことを考慮すれば、一九九三年のラテン文字の導入には、反イスラームを強調するという政権側の意図もある程度含意されていたと思われる。

　このような動きの中で、一九九三年九月二日付の共和国法「ラテン文字に基づくウズベクアルファベットの導入について」により、ウズベク語へのラテン文字再導入が決定された。この法の前文では、ラテン文字化の要求が「ウズベク語表記のラテンアルファベットが用いられた一九二九～四〇年の肯定的な経験」から生じてきていること、また広範な社会的な支持があること、この法が共和国の発展に全面的に寄与すること、さらにその導入が「国際的なコミュニケーション網」の推進にもなることなどが強調された。しかし、どのような国民の支持があったのかは不明である。また、ここで言うコミュニケーション網とは、コンピュータやインターネットのことを指している。

Лотин-ча Босма	Талаф-фузи	Кирилл-ча Харфлар	Лотинча Босма	Талаф-фузи	Кирилл-ча Харфлар
A a	a	А а	Qq	qa	Қ қ
B b	be	Б б	R r	re	Р р
C c	ce	Ц ц	S s	es	С с
D d	de	Д д	T t	te	Т т
E e	e	Э э	U u	u	У у
F f	ef	Ф ф	V v	ve	В в
G g	ge	Г г	X x	xa	Х х
H h	he	Ҳ ҳ	Y y	ye	Й й
I i	i	И и	Z z	ze	З з
J j	je (jōra)	Ж ж (Жўра)	Ç ç	çe	Ч ч
K k	ka	К к	Ğ ğ	ğa	Ғ ғ
L l	el	Л л	Ɉ ɉ	je (ajdod)	Ж ж (аждод)
M m	em	М м	Ñ ñ	ñe	Нг нг
N n	en	Н н	Ō ō	ō (ōrdak)	Ў ў (ўрдак)
O o	o (ota)	О о (ота)	Ş ş	şe	Ш ш
P p	pe	П п	(') tutuq belgisi		(апос-троф)

写真21　ラテン文字アルファベット（1993～1995年）

　この共和国法ではソ連邦期に適用されたラテン文字アルファベットの歴史は「肯定的な経験」であるとされて特に言及されているが、この

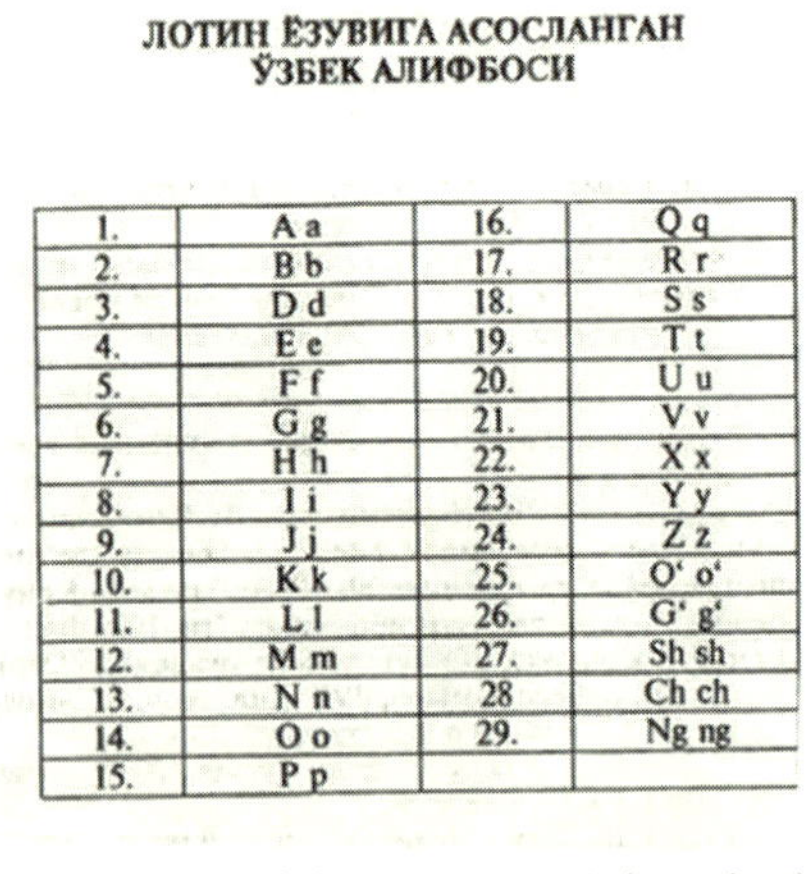
ЛОТИН ЁЗУВИГА АСОСЛАНГАН
ЎЗБЕК АЛИФБОСИ

1.	A a	16.	Q q
2.	B b	17.	R r
3.	D d	18.	S s
4.	E e	19.	T t
5.	F f	20.	U u
6.	G g	21.	V v
7.	H h	22.	X x
8.	I i	23.	Y y
9.	J j	24.	Z z
10.	K k	25.	O‘ o‘
11.	L l	26.	G‘ g‘
12.	M m	27.	Sh sh
13.	N n	28	Ch ch
14.	O o	29.	Ng ng
15.	P p		

写真22　ラテン文字アルファベット（1995年～）

一九九三年のラテン文字アルファベットを、一九三四年改定のラテン文字アルファベットと比較してみよう。まず、①アスキー文字以外のいわゆる特殊文字はトルコ語式に大幅に表記が変わっており（ş、ç など）、②その順番もA～Z以降に後置された。③母音はキリル文字アルファベットでも使用していた六母音をそのまま残し、さらに半母音yを付け加えた。子音はキリル文字アルファベットでは廃止されていたjが復活したため、一九三四年の状態に戻されている。

この比較から指摘できることは、文字の順番や形に変化はあるものの、この一九九三年のラテン文字アルファベットは基本的に従来から必要とされていたものを追加した上で、キリル文字期の文字体系をほぼ維持する形になっているということである。つまり、この新ラテン文字アルファベットは、基本的には一九四〇年からこれまでに使用してきたキリル文字アルファベットが、原則として転写可能となるような形で考案されているのである。キリル文字のе、ё、я、ю に相当する文字は削除されたが、それらはラテン文字でもそれぞれ ye、yo、ya、yu と表記することができ、硬音記号（ъ）や軟音記号（ь）もアポストロフィによって表現することになっている。その一方で、ロシア語のщ、ыなどは、ウズベク語がキリル文字表記の場合は強引にそのまま用いられていたが、ラテン文字化に伴って使用は不可能になった。しかし、これらの文字はウズベク語のキリル文字アルファベットにはもともとなくてもよかった文字である。したがって、文字種の変化を除けば、このラテン文字アルファベットへの移行による最も大きな変更点は、従来からロシア語の発音との紛らわしさが指摘されていたжに対応する文字として、新しくjを追加したことのみであると言えるだろう。

しかしながら、二年も経たないうちに、このラテン文字アルファベットはさらに大きく変化することになる。一九九五年五月六日付の共和国法「ウズベキスタン共和国法『ラテン文字に基づくウズベクアルファベットの導入について』の変更について」において、一九九三年制定のアルファベットは、二六文字三複合文字のラテン文字アルファベットへと変更されることになったからである。

修正法においては、キリル文字のцとжに対応する文字であるcとjが削除された[22]。また、アスキー文字では表示できなかった特殊文字は、従来とは逆向きのアポストロフィを付した形（ō→o‘、ğ→g‘）及び複合文字（ş→sh、ç→ch、ñ→ng）へとそれぞれ変更された。これによって、新アルファベットは一文字一音の原則がなくなり、イスタンブール会議の合意から大きく離脱することにもなった。さらに、ロシア語の語彙にのみ現われてウズベク語の語彙に使用されない文字は、硬音記号や軟音記号の代替としてのアポストロフィも含めて徹底的に排除されたため、一九九三年制定のアルファベットではかろうじて残されていたかつてのキリル文字表記との互換性も失うことになった。このアルファベットの特徴としては、①アスキー文字への完全対応と、②ウズベク語の語彙表記への特化（ロシア語の語彙の忠実な転写を可能にする努力の放棄）の二点が指摘できるだろう[23]。

3　表象としてのラテン文字

このように経緯を追って見てくると、一九九三年に導入したばかりのラテン文字を一九九五年に変更するという、短期間での度重なる改定がなぜ必要とされたのかという疑問をどうしても抱かざるを得ない。民族独立理念との関係性も指摘できるとはいえ、実のところはよくわからない。当時の政策決定の詳細はもう少し後にならなければはっきりしないと思われるので、推測ではあるが仮説を立てるとすると、①特殊文字の不便さと②欧米との接近という二点が指摘できるかもしれない。現在はUnicode等の国際規格に登録されればどのような文字でも比較的簡単に表示できるが、当時はアスキー文字ではない特殊文字の使用はある程度の困難さを伴うものであったことは確かであろう。もともとラテン文字化がコンピュータやインターネットとの親和性の向上を意識していたことからすると、特殊文字は問題として認識されていた可能性がある。

また、独立当初に範としていたトルコとの関係がその後次第に希薄化したことに加え、ロシアのルーブル圏からの追放（一九九三年一一月）及び独自通貨スムの導入（一九九四年七月）を経て試行錯誤しながら経済成長を遂げていく過程（一九九六年にGDPの伸びが初めてプラスに転じた）にあったウズベキスタンは、当時金融危機と経済の低迷に苦しんでいたロシアとの関係がかなり冷却化していた。この時期は特にアメリカとの関係が良好であったことから、トルコ語式の特殊文字の廃止やロシア語彙用文字の放逐は、当時のウズベキスタンが置かれた政治環境とある程度一致していたと言える。

この仮説の裏付けとしては、近隣のテュルク系諸国におけるラテン文字への対応の差を挙げることができる。先に見たようにウズベキスタンとともにラテン文字化を実施したのはアゼルバイジャンとトゥルクメニスタンだが、アゼルバイジャンは九〇年代初めにナゴルノ・カラバフ自治州の帰属問題でロシアとの対立が決定的となっており、トゥルクメニスタンは独立後に永世中立を宣言し、ロシアとは明確に一線を画す政策を採っている。他方で、ラテン文字化していないカザフスタンは、ベラルーシとともにロシアと関税同盟を結成してもともと密接なロシアとの経済関係を更に強めており、同じくキルギスも関税同盟加盟に向けて準備を進めている。テュルク系諸国のラテン文字化は、親露か反露かという単純な二項対立のみで理解されるべきではないものの、キリル文字から再度のラテン文字への切り替えは結果としてロシアとの距離感を強く表象することになっており、きわめて政治的に繊細な問題であるということは少なくとも言えるだろう。なお、二〇〇〇年に入ってからウズベキスタンとロシアの関係は回復し始めており、二〇〇五年のアンディジャン事件[24]を機に欧米諸国から強く批判されて国際社会で孤立したウズベキスタンは、同事件でのカリモフ大統領の強権措置を擁護したロシアとの同盟関係を強化する方向に明確に舵を切ることになった。こういったロシアとの関係修復は、ウズベキスタンで開始されたラテン文字化が中途半端な形で停滞している現状と平仄が合っている。

そうだとするならば、例えば現在カザフスタンでカザフ語のラテン文字化が具体的に検討されていることは(25)、どのように理解したらよいのだろうか。多様な側面が指摘できるが、カザフスタンではカザフ民族アイデンティティ強化の文脈でカザフ語の振興政策が論じられており、キリル文字がソ連邦という「植民地的過去」の象徴とされている場合もあった［浅村 二〇一二］。このことからすると、独立後に改めて経済及び金融面でロシアと同一政策を採ることになりつつある中で推進されようとしているカザフ語のラテン文字化は、さしあたり国内でそれらの政策とのバランスを取るために必要とされているとも考えられ、ラテン文字はカザフスタンの独自性及びロシアとの文化的差異を強調する役割を担いつつあるのだと言えよう。このような文脈では、テュルク系共和国ではないものの同じ旧ソ連諸国であるウクライナで、クリミア半島の帰属を巡ってロシアと激しく対立することになった後、一部の勢力がウクライナ語におけるキリル文字の廃止とラテン文字化を強く主張し始めたことも想起される。

独立後のウズベク語言語政策においては、文字改革という社会的にもきわめて大きな影響を与え得る政策が、大統領の正統性の確立をめぐる内政問題やロシアとの外交的な関係とリンクして処理されているように思われる。これまで本書で見てきたように、ソ連邦期に中央アジアで用いられた改良アラビア文字、ラテン文字、キリル文字は、イスラームの伝統、民族自決、汎テュルク主義、国際語や「レーニンの言語」としてのロシア語等々への接近や離脱の表象として推進されたりあるいは批判されたりして、その度に修正や変更が加えられてきた。このようなソ連邦期における文字変更の経緯は、中央アジア諸国が独立後も引き続き自国語の文字を何らかの政治的な象徴として積極的に操作しようとしている背景の説明となるはずである。

4 ラテン文字化政策の今後

一九二〇年代を振り返ってみると、全連邦アルファベット中央委員会が中心となって様々な学術会議を開催し、結果として建前上であったとしても、雑誌などでも多くの議題が論じられた。しかし、独立後の再度のラテン文字化の導入の際には急速に決定が行なわれており、ソ連邦期とは異なって言語学者等の学術的な検討をほとんど経ておらず、公開された形での議論の形跡もない。導入時のみならずラテン文字化が公的路線となった後においても、ウズベキスタン国内ではラテン文字化に対する批判や反論は許されないものとなっている。そのような中、出版統計で見たようにラテン文字化がなかなか進まないという状況にあるが、政府からはラテン文字化の今後の方針につき公式な声明や新たな法令等は近年特に発出されていない。事情を知らされないまままいわば放置されている国民は、事態の改善をほぼ諦めているように見える。

現状に対する批判は表立っては行なわれていないものの、前述のアンディジャン事件でカリモフ政権が硬化する前には散見された。ウズベク詩人のマダリエフは、ウズベク語のラテン文字化は非効率かつ全く不必要であったと痛烈に政府の政策を批判したが［Мадалиев 2003］、そのような言説は隣国のキルギスの雑誌でしか発表できなかった。また、親子二代のウズベク語研究で著名なウズベク人言語学者ジュラエフも、これまでの「多くの互いに矛盾する文字改革は、ウズベク標準語の安定化を著しく妨げた」としてソ連邦期からの度重なるウズベク語の文字改革に言語学の立場から批判的な姿勢を見せており、教育現場ではキリル文字優先、インターネットや電報その他はラテン文字を優先とするキリル文字とラテン文字正書法の二本立てが、今後のウズベク語にとって現実的な解決法であると主張した［Джураев 2003］。しかし、国内はこのような研究者の見解が具体的な政策提言と受け取られていたとは到底思えない状況にある。

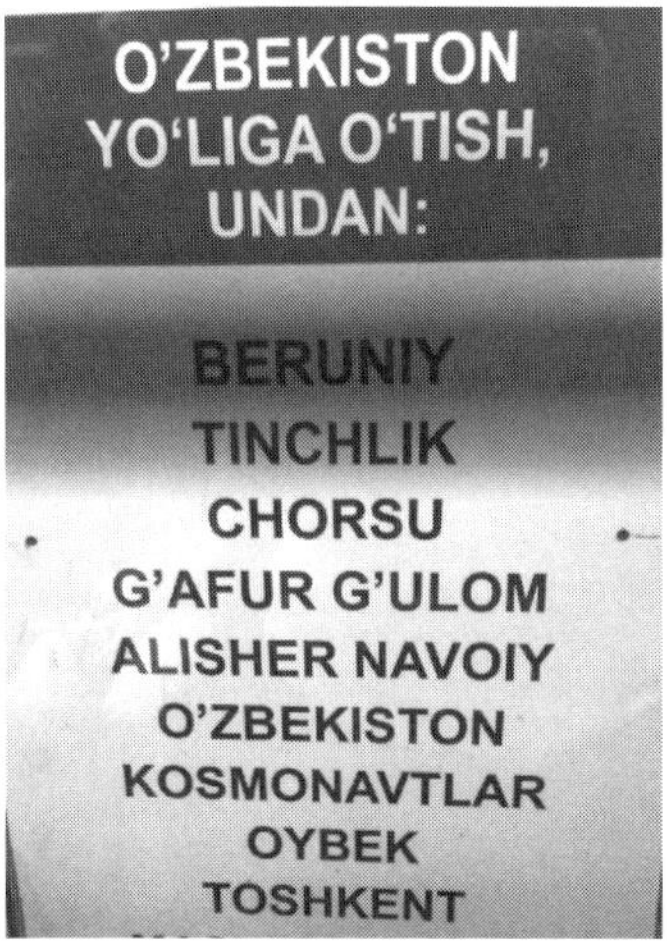

写真23　アポストロフィの向きが統一されていない看板（上、左）

現状におけるウズベク語表記に関する何とも曖昧な情勢を、政治問題化させようと試みる動きもある。野党「エルク」党首で一五年の刑を宣告されて国外に逃れたムハンマド・サーリフは、折に触れて国外からウズベキスタンの言語政策を批判している。サーリフは、現在のラテン文字化は、①政府の一部だけが推進したがっているイデオロギー的政策で、②ソ連邦期の文献からの乖離を招き、③キリル文字に慣れている人々に苦痛を与えるものであるとし、なぜラテン文字が必要なのか専門的議論がないため、どうしてラテン文字化するのすら理解できないと疑問を呈している[26]［Салих 2008］。政府が一貫した立場を維持できていない言語問題は、反政府勢力による格好の攻撃材料ともなっていると言えるが、いずれにしても国外からの指摘であり、厳しく情報が統制されているウズベキスタンの国内ではこういった主張が幅広く支持を得ているとは思われない。

ところで、既にラテン文字化された部分において、表記上の問題は生じていないのだろうか。一九九五年の変更によって新設された逆向きのアポストロフィ（ʻ）を用いた文字（oʻとgʻ）を見てみよう。現在この逆向きのアポストロフィの表記は、きわめて混乱していると言わざるを得ない状況にある。逆向きであるはずのアポストロフィが逆向きに使われていない場合が多く、その範囲も街中の広告から公文書まで実に幅広い。フォントによっては向きに区別がない場合もあるが、向きが異なっている事例が多すぎて、既に誤用というよりもむしろアポストロフィの向きはほとんど気にされなくなっているとも言える状態となっている。キリル文字では硬音記号（ъ）を使用していた綴りにラテン文字では逆向きではないアポストロフィ（ʼ）が用いられるため、現在のウズベク語正書法では二種類のアポストロフィを使い分けることになっている。逆向きのアポストロフィは、おそらくこの硬音記号を起源とするアポストロフィとの混同を避けるために考案されたのだと思われるが、仮に向きを間違えても単語の判別に特に大きな支障が生じないことから、慣用的にアポストロフィはキーボード上の入力が比較的容易な逆向きでないものを使うことになってきたのだと考えられる。そうだとすると、逆向きのアポストロフィが正しく使われていない現状は、キリル文字では明らかに異なる綴りだったものがラテン文字で見かけ上同一の表記となることへの違和感が、ある程度ラテン文字が普及したことによって徐々に感じられなくなってきていることを示しているとも言える。

しかしながら、規定の表記が遵守されず既に異体字ともいうべき表記法が広範囲に生じていることは、政府による完了期限の再設定がされないまま一般社会においてラテン文字化が遅々として進んでいない現状を考え合わせると、ラテン文字化を統括し推進する動きが弱いことの裏返しでもあるだろう。大統領の代替わりを含め、政権側で言語政策上の新たなイニシアチヴが発揮されない限り、今後もしばらくはウズベク語の表記におけるラテン文字とキリル文字の共存状態は継続していくと思われる。

おわりに

ウズベク語の表記は、これまで見たように数度にわたり変遷を繰り返してきた。特に、もともとジャディードら地元の知識人によって進められていたアラビア文字改革運動が、ラテン文字化のうねりに飲み込まれて変質していき、さらにはソ連邦内でのロシア語の復権とともにキリル文字化へと軸足を移していくその迷走とも言える経緯は、一九二〇年代半ばに新しく誕生した連邦構成共和国としてのウズベキスタンが辿ることになった、国家としての体裁を整えていく歴史とまさに軌を一にしている。最後に、本書のテーマでもある国家建設と文字改革の関わりを改めて考えてみよう。

本書では文字のみを扱ったが、一九三〇年代には文字改革の議論と並行的にウズベク標準語の制定が進められていた点に注目してみたい。第一節でも述べたように、当時は新しい共和国の領域内で話されているいくつかのテュルク系言語をウズベク語としてまとめあげていくことが必要だったのであり、標準語の制定をはじめ、文法書や各種辞典の整備も急務とされたのである。中でも、一九三四年の正書法会議でウズベク語における母音調和表記の廃止が決定されたことは、他のテュルク諸語との大きな共通点を喪失したという意味でウズベク語の差異化を進め、ウズベク標準語の成立にとって大きな転換点になったと言える。当時の資料からは、ウズベク語における母音調和表記の廃止については、この前年にモスクワで開催された新アルファベット全連邦中央委員会会議で既にその方針が決定されていたことがわかる。明らかにモスクワ主導ではあったが、この時点でウズベク標準語の姿がほぼ決定されたのであり、九から六に減らされたウズベク語の母音の文字数は、独立後の現在まで変更されていない。

ところで、当時の国家建設の文脈では、言語のみならず民族の歴史やその起源の「特定」も重要視された。多くの国家史が編纂される中で、冒頭で紹介したティムールの王朝がウズベク民族の起源であるとの学説が一九五〇年代に公式に認められて主流派になると、ティムール朝の時代に著されたチャガタイ語の文学作品の分析から当時の会話文体を推測するという、学術的にはあり得ない奇妙な研究が現われた［浅村　二〇〇七：五八—六〇］。それらの研究は、当時の口語体に母音調和はなかったと結論付けて、それを根拠としてチャガタイ語がウズベク語の起源であると主張し、国家史を補強したのである。その歴史観は、ティムールの騎馬像が首都の中心部に建てられ、ティムール朝の詩人ナヴォイがウズベク文学の父として称えられていることからもわかるように、独立後のウズベキスタンでもそのまま継承されている。

このように、ウズベク語の言語史は国家史と通底しながら、ウズベキスタン及びウズベク民族のアイデンティティ確立に大きく寄与してきたのである。ウズベク語を表記するための文字についても例外ではなく、文字は各時代におけるそれぞれの価値観や国家のありようを反映しつつ、その象徴と位置づけられて変更が加えられてきたのである。独立後における二度にわたる文字改革とその未完成の現状は、自国の安全保障と経済発展を最優先課題としつつ、大国との関係に配慮しながら慎重に国際舞台での立場を選択しているウズベキスタンにおいて、まさにそのような伝統が現在も形を変えて継続していることを示しているように思われる。

注

（1）カラカルパクスタン共和国は独自の憲法を持っており、憲法ではカラカルパク語がウズベク語と並んで国家語に指定されている。カラカルパク語はテュルク系言語であり、カザフ語に近いとされる。一九三〇年からロシア連邦の自治共和国であったが、一九三六年にウズベキスタン共和国に帰属することになった。同共和国の首都はヌクスで、共和国最高会議の議長が共和国の長を務めている。

（2）二〇〇七年に発表された野党系通信社配信のインターネット記事によれば、当時の八〇～八五％のウズベク語書籍がキリル文字で発行されていたとされる。また、ラテン文字は政府の資金で発行される場合には用いられるが、採算性が必要とされる場合には採用されないとして、ラテン文字推進派の作家も自分の著作をキリル文字で発行している事例が紹介されている（ピリムクル・カディロフ、エルキン・ワヒードフ等）［Шарифов 2007］。

（3）同書の表記はキリル文字であるが、巻末の付録だけは例外で、ラテン文字とキリル文字のアルファベット対照表が掲げられている他、ロシア語訳が参照できる簡易用語集のウズベク語の欄にはキリル文字に加えてラテン文字表記も付記されている。

（4）国境画定前後の時期において、採用された民族カテゴリーに統合されて「消失」した民族名もある。例えばロシア帝国期の人口統計には項目として立てられていたサルト人は、ソ連邦初期にウズベク人と見なされて統計上ではウズベク人に吸収された。

その結果、サルト語もウズベク語と同一視されていった。

（5）ジャディードとは、一九世紀末からロシア帝国領のムスリム知識人が教育改革を中心に展開した改革運動の推進を主導した活動家たちのことである。彼らがジャディードと呼ばれるのは、クルアーン（コーラン）朗誦が主体となる伝統的な教育を批判し、算数、歴史、地理等の世俗的な教科を取り入れた「新方式（ウースリー・ジャディード）」の学校建設を推進していたことに由来する。

（6）一九一八年頃フィトラトを中心としてチョルパン、カーディリー、エルベクといったジャディード作家や詩人が結成した文学結社。中世の豊かなチャガタイ文学のありようを意識しつつウズベク語、ウズベク文学の創造を目指したが、民族主義的であるとされて一九二二年に解散を余儀なくされている［小松　二〇〇五］。

（7）この会議に先立つ会議としては、ラテン文字化を主張するラテン主義者（latinchilar）と呼ばれる人たちによって、一九二〇年に開催された会議があったようである（会議の存在自体は各種資料から確認できるが、その詳細は不明）。

（8）一九二四年の国境画定の際、タシケントはウズベク共和国ではなく、キルギス（カザフ）共和国の都市になる案もあった［帯谷　二〇〇二：一二八—一三三］。

（9）同心円上の核にアラビア語があり、＋四でペルシア語、さらに＋三でウルドゥー語というように、基本的にはアラビア語の文字の字形と数をそのまま保持しつつ、足りない音を足していくという文字形成のありかた。

（10）同会議の議事録はなく、決議録しか残されていないので細かな議論の経過はわからないが、同会議にはロシア人言語学者ポリヴァーノフが参加しており、同人による当時の論考［Поливанов E. 1923］の一節からこの会議の概要をうかがい知ることができる。

（11）同会議の名称が「ウズベク語（O'zbek tili）」会議ではなく「ウズベク人の正書法（O'zbeklarining imlolari）」会議とされている点にも留意したい。「ウズベク語（O'zbek tili）」という表現は当時まだ人口に膾炙していなかったと思われる。

（12）一九二八年発行のウズベク語教科書はアラビア文字とラテン文字がそれぞれ約半数ずつであったが、一九三〇年には全てラテン文字で発行されている。

（13）母音体系内の各母音がいくつかの群を成し、形態素や語幹などの中で群の所属の異なる母音同士は用いられないという現象。テュルク諸語では、主に前舌母音と後舌母音の共起が制約される。

（14）口蓋化とは、子音が調音点で調音されると同時に、前舌面が硬口蓋に向かって盛り上がって近づく現象のことである。

（15）例えばウズベク語の語彙の綴りにおいてйが連続する場合、後者の後に母音があると合わせて一字となってしまい、連続する同じ子音が別個に表記される場合が生じることが挙げられる。「таййор」→「тайёр」（準備）や「тахаййур」→「тахайюр」（驚愕）等。

（16）例えば「шарь」（シャリーア）と「шар」（ボール）、「мань」（禁止）と「ман」（私）等。

（17）Jumaniyozov R, *Eski o'zbek yozuvi*, O'kituvchi: Toshkent, 1989（二万部）；Boboqulov Rahmat, *Eski o'zbek yozuvi*, Fan: Toshkent,

1989（一万部）；Solih Habibullo, *Alifbo*, Fan: Toshkent, 1989（六万部）；Inomxo'jaev Rahmon, *Arab-O'zbek yozuvini o'rgatish bo'yicha programma*, Toshkent, 1990（三万五千部）；Jumaniyoz R, *Harflar tilga kirganda*, O'kituvchi: Toshkent, 1995（十万部）など。

(18)「古ウズベク語」とは、現代ウズベク語が成立する以前の「ウズベク語」のことを指す。厳密に言えばその当時の当該言語を、「古」を冠するにしても「ウズベク語」と名指すにはやや慎重であるべきであろう。ウズベクアイデンティティの起源を論じるイルハモフは、この用語の特殊性に言及しつつ、「古ウズベク語」は実質的には「チャガタイ語」であるとし、イランの影響やその担い手であったサルトを連想させる「チャガタイ」という用語はソ連邦期には全面的に学術用語として忌避されていたため、代理として「古ウズベク語」という表現が用いられるようになったと述べている［Ilkamov 2006］。

(19)アラビア文字表記のウズベク語新聞は、ソ連邦の外部（アフガニスタンなど）に暮らすウズベク人向けに発行されていたようであるが、時期や部数などの詳細は不明。

(20)例えば、一九八九年六月発行のある紙面では、やや小さめであるが頁左端上部にキリル文字とアラビア文字の対応表、下部にアラビア文字表記とキリル文字表記で同一文が掲載されている。母音について言えば、この表にはウズベク語の六母音とロシア語彙だけに使われる五母音の計一一母音がある。このうちの三対にはそれぞれ重複したアラビア文字が充てられている。なお、同紙は独立後の数年間は発行されていたが、ラテン文字の導入が決定的となった一九九〇年代半ばには姿を消している。

(21)国家語の定義は難しいが、公用語との実質上の違いは法的に国家語として指定されるかどうかという点にあり、国旗や国章とともに国家の象徴としての役割を担うことが期待されている場合が多い。

(22)キリル文字жを用いる綴りは、一九九三年のラテン文字化でjとjに使い分けることになったが、一九九五年にはjが廃止されて再度一本化された。これは、キリル文字では同一文字を使うロシア語の発音と紛らわしいとされていた点が、ラテン文字化したことで既に解決されたと考えられたためであろう。

(23)例えば、一〇月を意味するロシア語のоктябрьはラテン文字のウズベク語正書法ではoktabrと表記されることになった。その正しい発音も表記に応じて軟母音яは硬母音aとなり、語末の軟音記号ьによる口蓋化もなくなった。このように硬軟母音を取り換えたように見える綴りの変更は、それらの母音を対立するペアと考えるロシア語の立場からは全く理解できない理不尽なものである。したがって、このoktabrのような単語は、ラテン文字化された結果、母音の変更とともに原綴には復元できない改変が加えられたことにより、語源のロシア語の単語とは明確に異なる語として誕生したとも言える。日本語におけるいわゆるカタカナ英語の立場ときわめて近い。

(24)二〇〇五年五月にフェルガナ盆地のアンディジャンで政府に抗議する暴動が起き、軍隊が出動して武力鎮圧した事件。数百名の犠牲者が出たとされ、欧米諸国は独裁政権の人権弾圧としてカリモフ大統領を厳しく批判した。

（25）二〇一二年一二月に発表された国家戦略「カザフスタン二〇五〇」において、カザフ語は二〇二五年からのラテン文字化に向けて準備を行なうことが規定された。二〇一四年六月にはカザフスタンの学術調査団がウズベキスタン科学アカデミー言語学文学研究所を訪れ、ラテン文字への切り替えに際して生じる問題につき意見交換している。ただし二〇二五年という期限の設定は、むしろラテン文字化を現職のナザルバエフ大統領の後任の決定事項として先送りしたのだとも言える。そのため、次期大統領の意向によっては、今後準備期間が延長される、もしくはラテン文字化自体が中止されるということも十分にあり得る。

（26）専門的な視点からではないものの、サーリフがウズベク語における母音調和表記の復活について言及している点にも注目しておきたい。ウズベク語の母音調和は消失したと言語学者が八〇年代に述べていたが実際は残っており、それが文章語と口語の差異を広げていると主張するサーリフは、ソ連邦期に採択された母音調和表記を放棄する「恣意的な決定」が、ウズベク語を他のテュルク諸語から遠ざける結果になったとして抜本的な正書法の改正を要求している［Салих 2008］。

参考文献

〈日本語〉

浅村卓生
　二〇〇七「一九二四―一九三四年における『ウズベク語』理念の模索――標準語の母音調和法則の扱いをめぐって」『ロシア・東欧研究』（第三六号、四八～六〇頁）
　二〇一一「カザフスタンにおける自国語振興政策及び文字改革の理念的側面」『外務省調査月報』（二〇一一年第一号、一～二四頁）
　二〇一一「ウズベキスタンにおける言語政策と国家史」岡洋樹編『歴史の再定義――旧ソ連圏アジア諸国における歴史認識と学術・教育』（東北アジア研究センター叢書第四五号、八三～一一七頁）

荒井幸康
　二〇〇六『「言語」の統合と分離』三元社

帯谷知可
　二〇〇二「ウズベキスタン」『地鳴りする世界』恒星出版

小松久男
　一九九六『革命の中央アジア』東京大学出版会
　二〇〇五「チャガタイ談話会」『中央ユーラシアを知る辞典』平凡社

塩川伸明　二〇〇四　『民族と言語——多民族国家ソ連の興亡I』岩波書店
菅原　睦　二〇〇五　「ウズベク語」『中央ユーラシアを知る辞典』平凡社

〈ウズベク語〉
1922　*1921 yil yanvarda bo‘lg‘an birinchi o‘lka o‘zbek til va imlo qurultoyining chiqarorlari*, Turkiston jumhuriyatining davlat nashriyoti: Toshkent.
2011　*Alisher Navoiy*, 10 jildlik, G‘fur G‘ulom: Toshkent.
1940　*Birlashgan o‘zbek alfaviti va orfografiyasi*, O‘zFan Nashriyoti: Toshkent.
2014　*Ish yuritish*, O‘zbekiston milliy entsiklopediyasi: Toshkent.
1997-2006　*O‘zbekiston milliy entsiklopediyasi*, 12 jildlik, O‘zbekiston milliy entsiklopediyasi: Toshkent.
1956　*O‘zbek orfografiyasining asosiy qoidalari*, O‘zFan: Toshkent.
1990　*O‘zbek tilida ish yuritish*, O‘zbek Sovet Entsiklopediyasi: Toshkent.
2005-2006　*O‘zbek tilining izohli lug‘ati*, 3 jildlik, O‘zbekiston milliy entsiklopediyasi: Toshkent,.
1923　*Turkiston Jumhuriyati maorif komissarligining Turkiston O‘zbeklarining imlolari to‘g‘risidagi bergan buyrug‘i*, Toshkent.

Abdullayev Yo‘ldosh
1996　*Hamrohim*, O‘qituvchi: Toshkent.
Fitrat
1930　*Sarf : вirinchi kitoв*, O‘zdavnashr: Tashkent – Samarqand.
Fitrat
1930　*Nahv : ikkinchi kitoв*, O‘zdavnashr: Tashkent – Samarqand.
Saifi F., Elbek
1923　*O‘zbekcha o‘qish kitobi*, vol. 1, Turkdavnashr: Toshkent.

〈ロシア語〉

1972 *Вопросы совершенствования алфавитов тюркских языков СССР*, Наука: Москва.

1930 “Материалы по вопросу о латинизации русской письменности”, Культура и Письменность Востока, No 6, ВЦК НТА: Москва, стр. 213-219.

1926 Первый всесоюзный тюркологический съезд: 26 февраля – 6 марта (стенографический отчет): Общество обследования и изучения Азербайджана: Баку.

1916 *Статистический ежегодник России 1915 г.,* Петроградъ, Издание Центрального Статистического Комитета М.В.Д.

1927 Стенографический отчет I пленума ВЦК НТА, Москва.

1929 Стенографический отчет II пленума ВЦК НТА, Баку.

1928 Стенографический отчет III пленума ВЦК НТА, Казань.

1932 Стенографический отчет IV пленума ВЦК НА, Москва.

1932 Стенографический отчет V пленума ВЦК НА, Москва.

Алпатов В.,

2000 *150 языков и политика: 1917-2000*, КРАФТ+ИВ РАН: Москва.

Джураев А. Б.,

2003 “Кризис узбекского литературного текста как социолингвистическая проблема”, *Филологическая наука нового века: проблемы и решения*, Ташкент, стр.6-9.

Мадалиев Сабит,

2003 “Реформа языка: нежеланная латиница”, *Курак*, Бишкек, 6-7 (№5).

Поливанов Е.,

1923 Проблема латинского шрифта в турецких письменностях (по поводу нового якутского алфавита, азербайджанской азбуки Янги Йол и узбекского алфавита, санкционированного 2-ым Съездом Узб. Раб. Просвещения: НарКомНац, Институт Востоковедения в Москве, Серия турецких языков, выпуск 3), Москва.

Поливанов Е.,

1926 *Проекты латинизации турецких письменностей СССР : к Туркологическому Съезду II – 1926*, Узгосиздаст: Ташкент.

Салих Мухаммад,

2008 “Гармония гласных – гармония тюркских народов”. ニュースサイト「Фергана.ру」(www.feghana.ru) 二〇〇八年六月七日付論説。

Шарифов Омар,

2007 “Латинизация алфавита: Узбекский опыт”. ニュースサイト「Фергана.ру」(www.feghana.ru) 二〇〇七年四月二八日付論説。

〈英語〉

Akiner Shirin,

1994 *Political and Economic Trends in Central Asia*, British Academic Press: London – New York.

Fierman W.,

1991 *Language Planning and National Development: The Uzbek Experience*. Mouton de Gruyter: Berlin-New York.

Landau M. Jacob and Kellner-Heinkele Barbara,

2001 *Politics of Language in the ex-Soviet Muslim States*, Hurst and company: London.

Terry Martin,

2001 *The affirmative action empire: Nations and Nationalism in the Soviet Union 1923-1939*, Ithaca, N.Y.-London: Cornell University Press.（邦訳：半谷史郎監修　二〇一一『アファーマティヴ・アクションの帝国―ソ連の民族とナショナリズム、一九二三年～一九三九年』明石書店）

あとがき

松下国際財団（現：松下幸之助記念財団）の奨学金を得て、2003 年 10 月から 1 年半にわたりウズベキスタン科学アカデミー言語学文学研究所に留学した。この約 10 年前の留学時代と比較すると、日本における中央アジアへの関心は少しずつであるが確実に高まっている。いくつかの大学では中央アジア研究が活発に進められているし、日本に留学するウズベキスタンの学生数も飛躍的に増えている。ウズベキスタンに進出している日本企業はまだまだ数えるほどしかないが、近年特に教育の分野で現地における日本のプレゼンスが強まってきていることはうれしい変化である。本書ではウズベク語表記の変遷というあまりなじみがないと思われるテーマを扱ったが、ウズベキスタンに関心を寄せる人のささやかな一助になるのであれば幸甚である。

本書の執筆に際して、風響社の石井社長をはじめ、松下幸之助記念財団及び同財団国際スカラシップフォーラム実行委員会からも様々な助言や後押しを得て温かく見守っていただいた。ここに改めて厚く御礼申し上げたい。

著者紹介

浅村卓生（あさむら たかお）

1975年、鳥取県生まれ。

東北大学大学院国際文化研究科博士後期課程修了。博士（国際文化）。

日本学術振興会特別研究員、山形大学非常勤講師等を経て、外務省入省。現在、在外公館勤務。

主な論文に、「1924-1934年における『ウズベク語』理念の模索：標準語の母音調和法則の扱いをめぐって」（『ロシア・東欧研究』第36号、2007年）、「カザフスタンにおける自国語振興政策及び文字改革の理念的側面」（『外務省調査月報』第1号、2011年）、「ウズベキスタンの近代演劇」（『中央アジア』朝倉世界地理講座5、朝倉書店、2012年）などがある。

国家建設と文字の選択　ウズベキスタンの言語政策

2015年10月15日　印刷
2015年10月25日　発行

著　者　浅村卓生

発行者　石井　雅
発行所　株式会社　風響社

東京都北区田端4-14-9（〒114-0014）
Tel 03（3828）9249　振替 00110-0-553554
印刷　モリモト印刷

ISBN987-4-89489-781-6　C0087